FISH&VIPs

Dirk und Rüdiger Kowalke

FISH & VIPs

Die besten Rezepte des Hamburger Fischereihafen Restaurants

Wolf-Dieter Klunker

Urs Kluyver

Udo Pini

Ellert & Richter Verlag

In kulinarischer Ver-
bundenheit
Ihr
Rüdiger Kowalke

Inhalt

Wir über uns

Hamburg und seine Orientierung zum Meer, die malerische Elbe, ein echter Fischmarkt mit frischen Fängen und die langen Kühlhaushallen – in dieser Umgebung ist ein Fischrestaurant zu Höchstleistungen verpflichtet. Solche Erwartungen an Lage und Ruf wollen Hamburger und ihre Gäste exemplarisch und kulinarisch gekrönt sehen. Das Fischereihafen Restaurant liegt seit Anbeginn im Herzen dieses Fischmarkts und ist damit unmittelbarer Nachbar seiner Lieferanten. Nicht zuletzt deshalb wurde es zum Treffpunkt einer internationalen Kennerszene, die alle Genüsse des Meeres in ihren Schuppen, Krusten, Schalen mag. Genau das ist seit 1981 unsere Spezialität.
Die Erwartungen an uns sind hoch, so hoch, daß wir auf keiner Stufe für den Gast einen Kompromiß bei der Qualität machen können. Es sind nicht nur die VIPs aus aller Welt, es sind Hamburgs internationale Gäste, die kulinarische Erfahrung mitbringen. Sie werden dazu begleitet von heimischen Kennern, die genau wissen, wie Fisch schmecken kann und muß. Solche Gäste sind unser Maßstab, sie haben uns die Meßlatte sehr hoch gelegt.
Das Fischereihafen Restaurant gehört zu jenen Häusern, die über Jahrzehnte von den Gästen und Testern Höchstnoten bekommen haben. Unsere Küche für täglich 300 Gäste bietet für jeden das Passende. Bei uns werden in bewußter Spezialisierung die ewig jungen Klassiker offeriert: gebratene Heringe, Pannfisch, Seezungenfilets, Jakobsmuscheln, gegrillter Hummer etc. Immer gibt es mehr, als auf der Karte steht, und wer sich traut, Kennerschaft beweist oder sich beraten läßt, macht die schönsten spontanen Entdeckungen: Fangfrischer Seeteufel im Serranomantel, weil ihn der nahe Händler gerade anbot, oder Riesengarnelen in Kokosmilch, weil uns das asiatische Experiment gerade gefiel. Letzteres ist eher die Ausnahme, gehört aber zum Konzept der ständigen Weiterentwicklung. Auch bewährte regionale Rezepte werden durch marktfrische Beilagen zum kulinarischen Ereignis.
Eine gewisse Stabilität und auch Selbstbehauptung gegen allzu modische Trends hat uns vor bloßen Szenegängern bewahrt. Das mag im besten Sinne ein konservativer Standpunkt sein, aber er hat unsere Position über zwei Jahrzehnte sichtbar und nahezu konkurrenzlos gemacht. Frischfisch pur bleibt ein Hochgenuß.
Für uns hat das zwei entscheidende Konsequenzen: Wir pflegen die traditionelle Fischküche in Perfektion und bieten darüber hinaus alles, was Abwechslung in die Lust auf Fische, Krustentiere oder Meeresfrüchte bringt. Wir haben für Empfänge unseren Partyservice. Für die Oyster-Bar wurden als Appetizer Minipizzen mit Hummer kreiert. „Kowalkes Tapas" wurden wegen des kommunikativen Händetheaters am Tisch sehr

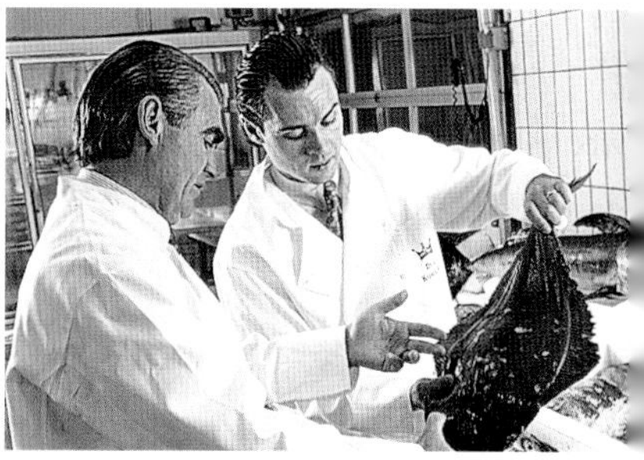

Rüdiger und Dirk Kowalke

Küchenchef Wolf-Dieter Klunker (Mitte) mit Jens Klunker (l.) und Michael Sauter

schnell beliebt. Für unsere Sushis haben wir größte japanische Gästekomplimente bekommen.
So viel Zeitgeist darf gerne sein, wenn er anregend wirkt und neue Präsentationsformen von Fisch kreieren hilft.
Unser Haus liegt im Zentrum des Fischmarkts, und manche Händler beliefern uns zweimal täglich. Sie überqueren nur die Straße, und abends hat ein Notdienst Standby, wenn wir feststellen, daß ausgerechnet Steinbutt, Wels oder Stör knapp werden.
Wir haben generell festgestellt, daß die Beratung am Tisch vor der endgültigen Bestellung für viele die Kompetenz des Hauses auszumachen scheint. Das hat uns schon früh ermutigt, Marktchancen und Gästeverwöhnung über mündliche Empfehlungen zu vereinen.
Dabei kann auch Unvorhergesehenes zur Herausforderung für die Küche werden: Signalisiert ein Agent besondere Fänge aus dem Pazifik, akzeptieren wir die schnelle und teure Luftfracht. Sind irgendwo zufällig Zentner von Babylangusten angelandet, geben wir spontan die Kauforder. Wir haben Agenten für Seezungen, ausgesuchte Lieferanten für Hummer und Spezialisten für Süßwasserfische. Unsere Experten für die Herings- und Matjessaison liefern direkt aus Holland oder Schweden und machen mit uns und befreundeten Restaurants Jahr für Jahr buchstäblich ein Faß auf – auf dem Hamburger Rathausmarkt.
Zu Saison-Zeiten schmecken die aktuellen Angebote immer besonders gut. Und Gourmets warten weise darauf. Mit Vergnügen werden unsere Gäste auf der Karte lesen, daß dann endlich wieder „Matjestartar auf gebratenem Schwarzbrot mit Radieschensalat" steht.
Die Karte ist stets die Richtschnur für den Gast und der Beweis des ausgewählten Normalangebots auf höchstem Niveau. Manchen mag sie klein erscheinen, aber sie ist nur ein Bruchteil unseres Repertoires. Die gedruckte Auswahl für die jeweilige Woche muß reizvoll und überraschend genug sein, um Wiederkehrer und Stammgäste zufriedenzustellen. Erstaunlicherweise erinnern sich Gäste manchmal noch nach Jahren sehr genau und schwärmerisch an ein bestimmtes Gericht, eine für sie sensationelle Sauce oder eine nie zuvor geschmeckte Kombination. So ein gar nicht seltenes Vergangenheitslob gebührt seit 1981 Chefkoch Wolf-Dieter Klunker. Er kann sich meistens erinnern und, falls nicht, aufs neue beeindrucken. Immerhin sind solche Herausforderungen an die Erinnerung unserer Gäste nicht gerade häufig, aber stets erfüllbar.
Entscheidend für einen Abend voller Hochgenüsse ist eher die Empfehlung, die nach Marktlage mittags kreiert und abends „verkauft" wird.
Viele Stammgäste und die meisten prominenten Wiederkehrer

lassen sich lieber beraten, als daß sie die Qual der Wahl haben. Manche meinen, wir kennten ihren Geschmack besser als sie selbst und bekommen zur Abwechslung den Steinbeißer mit einer Champagnersauce. Viele Gäste lassen sich ein Überraschungsmenü zusammenstellen, weil sie wissen und immer wieder erleben, wie gerade dieser Wunsch die Küche anspornt.
Auf diese Weise wird Individualität zum herausfordernden Stress für die Köche, weil fast jeder Sonderwunsch erfüllt werden kann – und auch wird. Wer den nostalgischen Appetit nach einer Edelfischpfanne mit klassischer Senfsauce spürt, soll ihn bei uns auch gestillt sehen. Und eine hautkrosse Speckscholle zum Kartoffelsalat werden wir immer in der notwendigen Perfektion auf den Punkt braten und servieren.
So gelingt die Synthese aus der Lage mitten im Fischmarkt, den verläßlichen Gästewünschen über Jahre und Jahrzehnte und der Herausforderung, auch zukunftssichere Rezepte anzubieten, nachzukommen. Eine „Finkenwerder Fischersuppe“ steht auf derselben Karte wie „Dorade Royal gebraten, auf italienische Art zubereitet“.
Eine der meistimitierten Spezialitäten unseres Hauses zeigt sehr schnell die Unterschiede von Plagiat oder Original: Unsere Karte beschreibt ganz offen „Räucheraalfilet auf gebratenem Vollkornbrot mit Kräuterrührei“. Doch die wenigsten Häuser zwischen Sylt und Elbe nehmen dazu Vollkornbrot, sondern irgendein Schwarzbrot, sie braten es nicht in der Pfanne, sondern toasten es.
Aus all dem wird deutlich, daß nicht nur die Gäste uns, sondern wir uns auch 20 Jahre lang treu geblieben sind. Natürlich haben wir die interessantesten Erfahrungen und Entdeckungen maßvoller Experimente aus zwei Jahrzehnten in unser Rezeptgedächtnis aufgenommen und umgesetzt. Wir betrachten deshalb die Epoche der „Nouvelle Cuisine“, die alle Gourmets erst verunsicherte, dann in Lager spaltete, als Episode. Auch damals zogen wir eine gewisse Bodenständigkeit der Abgehobenheit vor. Wir haben unsere Nouvelle-Cuisine-Kreationen niemals in Miniportionen angeboten, unser getrüffeltes Selleriepüree war immer auch großzügig portioniert. Weil wir uns zu hundert Prozent Fisch, Krustentieren und Meeresfrüchten verschrieben haben, sind wir vor Fehlentwicklungen bewahrt worden.
Da es in all den Jahren keine „Ladenhüter“ gab und alles goutiert wurde, ist es reine Geschmackssache, wenn etwas abgelehnt wird. Eigentlich ist nur die „Hamburger Aalsuppe“ eine Komposition, die manche nicht auslöffeln mögen, weil sie auf die Besonderheit von süßsauer und

Die Küchenbrigade

rauchig nicht gefaßt sind. Vielleicht ergänzen wir uns dabei besonders gut: Neue Rezepte entwickeln als langjähriges Freundesgespann Kowalke Senior und Chefkoch Wolf-Dieter Klunker, seit

einigen Jahren auch gemeinsam mit Sohn und Nachfolger Dirk Kowalke. Uns schwebt bei allen behutsamen Innovationen das Wohl des Gastes vor, der mit zufriedenem Gesicht gehen und kein kühnes Experiment verdauen soll.

Wir haben ja immer die Chance durch diskrete und kennerhafte Mit-Esser, im Kleinen auszuprobieren, was wir selbst im Ausland perfekt fanden oder Gäste uns ans Herz legten. Wir haben entdeckt, daß viele Beilagen zu Fleisch auch sehr gut zu Fisch passen und dann nur einen dezent neuen Namen brauchen. Den Beaujolais-Rotkohl zum Steinbeißerfilet haben alle akzeptiert, schon vor 15 Jahren haben wir manchen Fisch auf Weinkraut gebettet, und es gab „Steinbutt auf Rote Bete“ oder „Seezungenrouladen auf Avocadoschaum“. Natürlich diskutieren und probieren auch wir auf vielen Reisen und beim Probekochen, wie uns die asiatische Küche schmeckt. Bei aller persönlichen Begeisterung war es ebenso reizvoll wie schwer, aus der fremden Vielfalt das Geeignete für ein hanseatisches Fischereihafen Restaurant auszuwählen. Doch wir brauchen deshalb beste Tradition nicht in Frage zu stellen: „Hummer gebraten auf süß-scharfem Wokgemüse“ kann Begeisterung wecken wie „Hummer Thermidor“.

Fisch und Krustentiere sind eben sehr variabel zuzubereiten, eine Fischküche à la minute bleibt ein tägliches Ringen um die gewohnte Bestform. Zehn Köchen, auch asiatischen, würden zehn verschiedene Hummerfricassés gelingen. Wir haben unseren eigenen Stil. Besonnene Modernisierungen der Karte und ein zusätzlicher Hauch asiatischer Aromen werden im Jubiläumsjahr Stammgäste und Newcomer überraschen. Die Rezepte dieses Buches demonstrieren die Klassiker und ihre zeitgeistigen Weiterentwicklungen.

Seit Fisch sich vom Volksnahrungsmittel zum knapp werdenden Delikatessprodukt wandelte, hat das Fischereihafen Restaurant ein Solidaritätsproblem mit den Kunden. Wer jeden Preis zahlt, kann jeden Genuß haben. Aber manche Ausgefallenheiten werden für den Restaurantbetrieb schnell unrentabel. Manches verschwindet deshalb von der Karte und wird nur noch angesagt, manches schlicht abgewartet. Gäste, die echten Kaviar wünschen, bekommen ihn natürlich. Sein Fünfundzwanzig-Gramm-Preis wird wohl auf lange Zeit so unzumutbar bleiben wie die jederzeit im Handumdrehen beschaffbare, ehrlich importierte und lizenzierte volle 250-Gramm-Dose.

Lieber vertrauen wir deshalb dem verläßlichen Geschmack und den erprobten Rezepturen. Wir verarbeiten dafür bis 1000 Kilogramm Steinbutt im Monat, zerlegen mindestens 50 Hummer am Tag und bereiten Fonds aus frischen Schalen, Gräten oder tagesfrischen Gemüsen. Ein hochspezialisiertes Fischrestaurant muß eben Saucen servieren, die Gäste in stummer Bewunderung löffeln.

Persönlich glauben wir, daß zum Gourmeterlebnis Fischereihafen Restaurant das spezifische Ambiente entscheidend beiträgt. In den zwei Dekaden seit 1981 hat sich das Restaurant mehrfach gewandelt – niemals so entscheidend, daß es nicht wiederzuerkennen wäre. In Hamburg muß so etwas spürbares Understatement haben, und wir hoffen, daß es das tut.

Was nicht heißt, daß gelegentlich solche Prinzipien auf den Kopf gestellt werden, ohne im gastlichsten Sinne an Perfektion oder Eleganz einzubüßen. Dann werden attraktives Fingerfood, dekorative Platten und neue Menüs kreiert und überraschungsreiche Events zelebriert. Das ganze Restaurant kann dann Neptuns Höhle oder nicht wiederzuerkennendes Raumerlebnis für einen hochkarätigen PR-Event sein. Ein bißchen Show darf sein.

Mit dem Eintritt der nächsten Generation in die Geschäftsführung 1997 sind Motivation und Lust zu mehr Kommunikation rund um Lunch oder Dinner noch größer geworden. Als gelernter Koch hatte Sohn Kowalke dem Vater zusätzliche Erfahrungen im Bar-Management voraus. Gemeinsam begeisterten wir uns für die Idee einer Restaurant-Bar, die eine Aperitif- und natürlich auch Digestif-Kultur schaffen könnte: die „Oyster Bar“ – mitten im Fischereihafen Restaurant ein glanzvoller Treffpunkt für Gäste aus aller Welt.

Es gelang uns, Richard Chaniewski, den langjährigen Barchef der „Insel“ und der „Atlantic“-Bar, für unsere Innovation zu gewinnen. Durch „Richy“ war auf Anhieb das hohe Niveau der angestrebten Cocktail-Kultur erfüllt, die nur 15 Plätze reichen meist nicht, und open end ist Ehrensache. Die beiden Flankentische der Oyster-Bar, die kleinsten des gesamten Restaurants und zudem unverrückbar vor einer Hochbank, haben erstaunlicherweise eine offenbar große Anziehungskraft. Sie sind fast immer vorbestellt und taugen nicht nur für Drinks und eine Platte erlesener Tapas, sondern auch für die Abfolge eines kompletten Menüs. Gleichzeitig bietet die zum Restaurant

Der Service

offene Bar den besten Überblick über das Geschehen eines Abends. In „Richys" Reich beginnt und endet so für manche Gäste ein Restaurantbesuch bei uns. Wer ohne Vorbestellung überraschend auftaucht, kann an der „Oyster-Bar" verwöhnte Wartezeit verbringen, früher hätten wir auch liebste Gäste mit Bedauern wegschicken müssen.

Richy, Rüdiger und Dirk Kowalke

Zum Jubiläumsjahr 2001 bekam unser Haus die lange geplante und ersehnte buchstäbliche Öffnung zur Elbe. Große Schiebetüren und ein terrassenhaft langer Balkon vor dem größeren Teil des Restaurants lassen unsere Gäste bei gutem Wetter näher an die Elbe rücken. Nun liegt sie uns direkt vor der Kaimauer noch mehr zu Füßen. Zwar löschen daran keine Fischdampfer, poltern auch keine Eiskisten mehr, lakonisch macht ein Kran dort nur noch für Filmaufnahmen seine Dreh- und Nickarbeit. Aber atmosphärisch stimmt auch am modernisierten Elbufer noch alles: Von weither angereiste Gäste können am Kaigelände des Fischereihafens immer Möwen fliegen sehen und kreischen hören. Ringelnatz hat sie als „Emmas" längst unsterblich gemacht.

Doch beste Küche, einstimmende Bar und Ambiente sind viel, aber nicht alles – Natürlichkeit aller Akteure gehört dazu. Das beginnt schon vor der Restaurant-Tür: Der uniformierte Wagenmeister ist für jeden unserer Gäste da. Der Service beginnt bei uns auf der Straße: Aussteigen und nur noch entspannen und genießen, der Wagenmeister parkt und bewacht den Wagen bis in die späte Nacht.

Selbstverständlich werden Gäste an den Tisch begleitet oder an der Oyster-Bar eingestimmt, bis sie Platz nehmen wollen. Und mit blitzenden Clochen wird kein Theater gemacht, sie dienen der Warmhaltung und werden schnell über den Küchenkreationen gelüftet: Es soll duften und Appetit wecken.

Wir freuen uns im Rückblick auf 20 erfolgreiche Jahre des Fischereihafen Restaurants. Von 2001 an werden die „Väter des Erfolgs", Rüdiger Kowalke und Wolf-Dieter Klunker, höchst tatkräftig vom Söhne-Team Dirk Kowalke und Jens Klunker unterstützt. Einen so behutsamen und langfristig wirksamen Generationswechsel, bei dem miteinander befreundete Väter Erfolgs- und Küchenrezepte den miteinander befreundeten Söhnen weiterreichen, hat es in der Restaurantgeschichte wohl selten gegeben. Möge es ein gutes Omen für die Zukunft des Fischereihafen Restaurants sein.

(Dirk Kowalke)

(Rüdiger Kowalke)

Einleitung

Ein frischer Fisch hat festes Fleisch. Der Geruch ist unverfälschlich. Das Auge ist klar, nicht in die Augenhöhle eingesunken, und der Fisch macht einen lebendigen Eindruck. Seine Kiemen sind scharlachrot gefärbt. Frischer Fisch präsentiert sich selbst. Je schonender Sie ihn behandeln, um so größer entfaltet er seinen Eigengeschmack. Sie dürfen ihn niemals zu lange garen oder zu trocken braten. Bitte nicht einfrieren, man tötet ihn zum zweiten Mal.

Ich wünsche Ihnen beim Nachkochen meiner Rezepte viel Vergnügen und gutes Gelingen. Die Rezepte sind, wenn nicht anders angegeben, für vier Personen berechnet.

Wolf-Dieter Klunker

Fonds

Fischbrühe (Fond)

Eine gute Fischbrühe ist der wichtigste Grundbestandteil für die in den folgenden Rezepten vorkommenden Gerichte.

Zutaten
500 g Steinbuttgräten
500 g Seezungengräten
3/4 l trockener Weißwein
3/4 l Wasser
60 g Butterschmalz
80 g Fenchel
80 g Sellerie
1 kleine Stange Lauch
1 Petersilienwurzel
1/2 Lorbeerblatt
2 Nelken
1 TL zerdrückte Pfefferkörner
2 Knoblauchzehen
5 zerdrückte Wacholderbeeren
2 cl Noilly Prat
Meersalz

Zubereitung
Die Gräten waschen und zerkleinern, in Butterschmalz zusammen mit dem geputzten, gewaschenen und kleingeschnittenen Gemüse anschwitzen.
Die Gewürze, Meersalz und Knoblauchzehen dazugeben.
Mit Weißwein, Noilly Prat und Wasser auffüllen und zum Kochen bringen.
Bei kleiner Hitze ca. 20 Minuten sieden lassen.
Anschließend durch ein Haarsieb oder Passiertuch gießen und auf 2/3 einkochen lassen.
Man erhält etwa 1 l Fischbrühe.

Hühnerbrühe

Zutaten
1 ganzes Suppenhuhn mit Geflügelklein, wie Hals, Magen, Herz
1 Stange Lauch
1/8 Knolle Sellerie
1 Zwiebel
1 Lorbeerblatt
2 Nelken
1 EL zerdrückte weiße Pfefferkörner
Salz

Zubereitung
Das Huhn und Geflügelklein blanchieren, das heißt in sprudelndem Wasser ca. 2 Minuten kochen lassen. Danach kalt abspülen und mit 3 l kaltem Wasser aufsetzen und langsam zum Kochen bringen.
Abschäumen, das geputzte und gewaschene, in Würfel geschnittene Gemüse sowie die anderen Zutaten hinzufügen.
Langsam bei mittlerer Hitze köcheln lassen, bis das Huhn weich ist.
Dann das Huhn herausnehmen und für ein anderes Gericht, z. B. Hühnerfrikassee, verwenden.
Die Brühe durch ein Haarsieb gießen und auf 2 l einkochen.

Glossar

Ablöschen
Das Zugießen von Flüssigkeit in eine heiße Pfanne oder einen Topf, um den Bratensatz zu lösen.

Abschrecken
Speisen mit kaltem Wasser übergießen oder darin eintauchen, um ein Kleben zu verhindern (Reis, Nudeln) oder damit der Garprozeß sofort gestoppt wird, z. B. bei Gemüse.

Anschwitzen
Zwiebel oder anderes Gemüse in Butter glasig werden lassen.

Aufmontieren
Kalte Butterflocken oder geschlagene Sahne in die Sauce geben und mit dem Mixstab aufschlagen.

Ausbacken
In reichlich heißem Fett schwimmend goldgelb backen.

Austern öffnen
Das Öffnen der Schale ist mit dem Austernmesser und einem Sicherheitshandschuh oder einem sauberen Tuch am einfachsten.
Die Auster mit der flachen Seite nach oben halten, damit das Meerwasser der unteren Schalenhälfte nicht verlorengeht.
Sie werden am Scharnierpunkt geöffnet, indem man den Schließmuskel an der oberen Schale durchtrennt. Dann mit einem Pinsel die kleinen Schalenreste entfernen.

Blanchieren
Zurechtgeschnittenes Gemüse einige Minuten im Salzwasser kochen und danach in Eiswasser abschrecken. Zum einen bleibt die Farbe erhalten, und zum anderen wird das Gemüse beim Dünsten oder Braten gleichmäßiger gar.

Dünsten
Garen in wenig Flüssigkeit bei etwa 100° C, meist unter Zugabe von etwas Fett. Die Flüssigkeit kann zugesetzt sein oder aus dem Gargut kommen.

Entgräten und Filetieren
Bedenken Sie, daß es die meisten Gäste schätzen, wenn sie von Gräten befreiten Fisch serviert bekommen. Bei einem großen Fisch sind auch die Gräten entsprechend groß und deshalb leicht zu finden. Da beim Filetieren nicht alle Fischteile verwendet werden können, liegt die Fleischausbeute nur bei ca. 50 bis 60 Prozent. Schneiden Sie zuerst den Kopf ab. Ziehen Sie das Messer anschließend vom Rücken hinunter bis zur Bauchdecke. So wird das Filet von den senkrechten Gräten und der Wirbelsäule getrennt.
Um die Bauchgräten zu entfernen, schneidet man den unteren Teil der Bauchdecke weg.
Mit einer Zange oder Pinzette zieht man die kleinen Gräten, die sich im oberen Teil des Fischfilets befinden, heraus.

Fond
Konzentrat, das beim Kochen, Dünsten oder Braten von Speisen gewonnen wird.
Es dient als Grundlage für Suppen und Saucen.

Fritieren
Bei 180° C mit einem Siebeinsatz im Fritiertopf ausbacken.

Garnieren
Gericht mit eßbaren, in Form und Farbe harmonierenden Zutaten verzieren.

Gratinieren
Ein Gericht bei starker Oberhitze überbacken, bis eine braune Kruste entsteht.

Mondamin anrühren
Das Mondamin in Brühe, Wein oder Wasser auflösen.

Nappieren
Mit Sauce überziehen.

Parieren
Fischstücke von Haut und anderen unerwünschten Resten befreien und passend zurechtschneiden.

Pochieren
In sehr heißer, aber nicht sprudelnd kochender Flüssigkeit garziehen lassen.

Pürieren
Aus rohen oder gekochten Lebensmitteln mit Geräten wie Stabmixer, Stampfer oder Küchenmaschine ein Püree herstellen.

Reduzieren
Flüssigkeit stark einkochen.

Sabayon
Im Wasserbad bei 90° C aufgeschlagene, warme oder kalte Saucen aus Zucker und Eigelb unter Beigabe von Weißwein oder Fonds.

Tournieren
Gemüse oder Kartoffeln in Form bringen.

Vorspeisen und Suppen

Tatar vom rosa Thunfisch mit Mango-Ingwer-Chutney und Sojasauce

Es war sehr, sehr gut!
Und das ist eine Drohung:
wir kommen wieder!!!
Danke — und liebe Grüße
von Dieter Kürten

Dieter Kürten und Begleitung

Zutaten
400 g rosa Thunfisch
2 EL Sesamöl
2 EL fein gewürfelte Schalotten
1 EL fein geschnittener Schnittlauch
Meersalz und Pfeffer aus der Mühle
1 Spritzer Limonensaft

Zubereitung
Das rohe Thunfischfilet in sehr feine Würfel schneiden, die Schalottenwürfel und den Schnittlauch dazugeben. Mit Meersalz, Pfeffer, Limonensaft und Sesamöl abschmecken.

Mango-Ingwer-Chutney
1 Mango
20 g geriebener frischer Ingwer
1 EL fein gewürfelte Schalotten
2 EL Puderzucker
1/8 l Weißwein
1 Prise Salz

Zubereitung
Den Puderzucker in einen erhitzten Topf geben, karamellisieren lassen und mit Weißwein aufgießen. Die Schalottenwürfel dazu geben und zur Hälfte einkochen. Dann die geschälte, in kleine Würfel geschnittene Mango und den geriebenen Ingwer dazugeben. Einmal aufkochen, mit Salz abschmecken und erkalten lassen.

Sojasauce
1/8 l Fischbrühe
3 EL Sojasauce
1 Schuß Malzbier
1 TL Sambal Olek
1 EL Zucker
1 EL Mondamin

Zubereitung
Die Fischbrühe, Malzbier und die Sojasauce zum Kochen bringen. Den Zucker und Sambal Olek dazugeben und mit Mondamin binden, durch ein Haarsieb gießen und erkalten lassen.

Räucheraalfilet auf geröstetem Vollkornbrot mit Kräuterrührei

Franz Beckenbauer (l.) und Gregor Wintersteller

Zutaten
8 Räucheraalfilets à 50 g
8 in Rechtecke geschnittene Scheiben Vollkornbrot
4 Eier
1 EL Schnittlauch, fein geschnitten
1/2 EL gehackte Petersilie
40 g Butter
Salz und Pfeffer

Zubereitung
Das Vollkornbrot in etwas Butter braten.
Die Eier gut verrühren, die Kräuter dazugeben und mit Salz und Pfeffer würzen.
Butter in eine Stielpfanne geben und ein Rührei herstellen.
Das geröstete Vollkornbrot auf vorgewärmte Teller geben,
die Kräuterrühreier und den angewärmten Aal daraufsetzen.

Salat vom weißen Spargel mit Matjestatar

Tony Marshall

Zutaten

Matjestatar

6 Matjesfilets
200 g frisches Lachsfilet ohne Gräten
2 EL fein gewürfelte rote Zwiebeln
3 EL fein geschnittener Schnittlauch
2 cl Genever
1 EL fein gewürfelte Radieschen
Pfeffer aus der Mühle

Zubereitung

Die Matjesfilets und das Lachsfilet in feine, kleine Würfel schneiden. Die Zwiebeln, Radieschenwürfel und den Schnittlauch dazugeben und gut verrühren. Mit Pfeffer aus der Mühle und Genever abschmecken.

Spargelsalat

16 Stangen frischen Spargel
2 EL abgezogene Tomatenwürfel
2 EL gekochte, gehackte Eier
2 EL gehackte glatte Petersilie
1/4 l Sauerrahm
Salz, Pfeffer, Zucker, Zitronensaft

Zubereitung

Den Spargel schälen und etwa 10 Minuten auf den Punkt garen. Im Eiswasser abkühlen lassen und in kleine Stücke schneiden. Die gehackten Eier, Tomatenwürfel und glatte Petersilie dazugeben. Mit Salz, Pfeffer, Zucker und etwas Zitronensaft abschmecken. Den Spargelsalat auf Tellern anrichten, mit dem Sauerrahm überziehen und das Matjestatar dazugeben.

Wan-Tan-Taschen mit Räucheraal auf Rührei und Sojasauce

Zutaten
8 Wan-Tan-Teigscheiben à 10 x 10 cm (aus dem Asia-Laden)
2 El fein geschnittene, blanchierte Gemüsewürfel wie Sellerie, Fenchel, Wurzel, Lauch
1 EL abgezogene Tomatenwürfel
200 g süß-saurer, in Streifen geschnittener Kürbis (aus dem Feinkostladen)
1 EL Dillspitzen
1 Eigelb
200 g Räucheraalfilet
3 EL Sojasauce
1/2 TL Sambal Olek
1/8 l Fischbrühe
1 EL Mondamin
Saft einer halben Zitrone
Salz, Pfeffer, Zucker

Zubereitung
Die Wan-Tan-Teigscheiben an den Seiten mit Eigelb – mit 1 EL Wasser verrührt – bestreichen.
Das Räucheraalfilet in kleine Würfel schneiden. Mit Gemüse-, Tomatenwürfel und Dillspitzen vermischen, mit Salz und Pfeffer würzen. Die Masse auf die Wan-Tan-Teigscheiben geben, zu einer Tasche zusammenlegen und an den Seiten fest verschließen.
Die Fischbrühe einmal aufkochen, mit etwas angerührtem Mondamin binden.
Die Sojasauce dazugeben, mit Zucker, Sambal Olek und Zitronensaft abschmecken.
Durch ein Haarsieb geben und zur Seite stellen.
Die Wan-Tan-Taschen im Fettbad bei 180 bis 200° ca. 1 Minute goldbraun ausbacken.
Das Kürbisgemüse erhitzen, auf Tellern anrichten, die Sojasauce dazugeben und die Wan-Tan-Taschen auf das Kürbisgemüse setzen.

Roberto Blanco

Hamburger Räucheraal-Sülze mit Meerrettichschaum

Zutaten für 10 Personen –
als Vorspeise
1 Kastenform
1 l Hamburger Aalsuppenbrühe*
* Rezept siehe Seite 92
14 Blatt weiße Gelatine
2 Räucheraale à 600 g
3 EL vorgekochte Gemüsewürfel
wie Sellerie, Lauch, Wurzeln
3 EL in Würfel geschnittene
Backpflaumen
2 EL in Würfel geschnittener Apfel
Salz
Pfeffer
Zucker
Essig

Hansi Hinterseer

Zubereitung
Die Räucheraale filieren, enthäuten und in lange Stücke schneiden (genauso lang wie die Kastenform).
Die Blattgelatine in viel Wasser einweichen.
Die Aalsuppenbrühe erhitzen, die ausgedrückte Gelatine einrühren und mit Salz, Pfeffer, Zucker und Essig abschmecken. (Die Gelatine nimmt sehr viel Geschmack weg.)
Die Kastenform mit kaltem Wasser ausspülen, etwas Sülzfond als Spiegel in die Form gießen.
Die Gemüsewürfel mit den Backpflaumen und Apfelwürfeln vermischen und schichtweise mit den Aalfilets in die Kastenform einfüllen. Mit dem Sülzfond auffüllen und 24 Stunden kalt stellen.

Als Beilage: Meerrettichschaum, Apfelspalten und etwas marinierter Salat

Asiatischer Vorspeisenteller

Zutaten
4 Pralinen von Muscheln und Shrimps (Rezept auf gleicher Seite)
8 Gambas, im Tempurateig gebacken
4 Sushi vom Bonito
4 Sushi vom Lachs, gebacken

Als Garnitur: eingelegter Ingwer und Kürbis, Sojasauce, Chickensauce, Wasabi (aus dem Asialaden)

Zubereitung
Die Gambas werden mit Salz, Pfeffer und Knoblauch gewürzt, durch Tempurateig gezogen (siehe Sushi: Zum Backen) und im Fettbad bei 200° goldbraun ausgebacken.

Praline von Muscheln und Shrimps

Zutaten
80 g Eismeershrimps
80 g gekochte Miesmuscheln
2 EL rote Paprikawürfel
2 EL gelbe Paprikawürfel
2 EL fein geschnittene Zucchini
2 EL fein gewürfelte Schalotten
50 g Butter
1 EL Currypulver
3 EL Crème fraîche
Salz, Zucker
1/2 Toastbrot ohne Rinde, sehr fein gewürfelt
1 Ei
etwas Mehl

Zubereitung
Die Eismeershrimps und Miesmuscheln klein hacken.
In einem flachen Topf die Butter erhitzen, die Schalottenwürfel hinzugeben und glasig anschwitzen.
Das andere Gemüse in den Topf geben und auf den Punkt garen.
Danach die Eismeershrimps und Muscheln dazugeben und mit Salz und dem Currypulver abschmecken.
Das Ganze völlig erkalten lassen und eine Stunde in den Kühlschrank stellen.
Danach die Crème fraîche dazugeben und zu einer homogenen Masse verarbeiten.
Nochmals eine Stunde kaltstellen.
Aus der Masse kleine Kugeln von ca. 2 cm Durchmesser formen und zuerst in Mehl, dann in Ei wenden und mit dem feingewürfelten Toastbrot panieren.
Im Fettbad bei 180° ausbacken.

Sushi vom Bonito, gebackenes Lachs-Sushi

Zutaten
200 g Sushi-Reis
300 ml Wasser
1 TL Salz
40 g Zucker
40 ml Essig

Zubereitung
(Sushi-Reis wird aus gereiftem Rundkornreis hergestellt.)
Den Reis zunächst gründlich waschen, bis das Wasser klar bleibt.
Wasser und Reis in einen Topf geben und zugedeckt ca. 20 Minuten sanft köcheln lassen. Das Wasser muß völlig aufgesogen sein.
Den Topf vom Herd nehmen und den Reis 15 Minuten zugedeckt quellen lassen.
Dann den Reis in eine Schüssel geben. Essig, Zucker und Salz auflösen und langsam in den Reis rühren.
Er muß zum Weiterverarbeiten völlig abgekühlt sein.

4 Noriblätter
Bambusmatten
Sushi-Reis
etwas Wasabi
200 g Bonitofilet
200 g Lachsfilet
20 g eingelegter Ingwer
0,2 l Sojasauce

Zubereitung
Jeweils ein Noriblatt auf eine Bambusmatte legen, gleichmäßig mit Sushi-Reis bestreichen.
Fingerdicke Streifen vom Bonito oder Lachs auf den Reis legen und mit Hilfe der Bambusmatte einrollen.
In 1 cm dicke Scheiben schneiden und auf Tellern anrichten.
Sojasauce, Ingwer und Wasabi verrühren und als Dip dazu servieren.

Zum Backen
Die Sushi-Stücke durch Tempurateig ziehen (aus Tempuramehl und Wasser einen dickflüssigen Teig herstellen und mit Salz würzen) und im Fettbad ausbacken.

Leipziger Allerlei mit Krebsschwänzen und Räucheraal

Howard Carpendale

Zutaten
12 große, lebende Krebse
3 l Wasser
1 TL Kümmel
1 Bund Suppengrün
200 g Räucheraalfilet, pro Portion 50 g
50 g Zuckerschoten
50 g Fingermöhrchen
60 g kleine weiße Champignons
80 g Kohlrabi
1 EL fein gewürfelte Schalotten
1/2 Bund grüner Spargel, ca. 100 g
1/2 Bund weißer Spargel, ca. 100 g
8 frische Morcheln
50 g Butter
2 EL Crème fraîche
2 EL geschlagene Sahne
Salz, Pfeffer, Zucker

Zubereitung
Das Wasser in einen Topf geben und aus 1 TL Kümmel, 1 Bund Suppengrün, Salz und Pfeffer einen Sud kochen.
Die Krebse in den sprudelnd kochenden Sud geben und am Herdrand ca. 8 Minuten ziehen lassen. Danach die Krebse mit der Schaumkelle herausnehmen, abtropfen und abkühlen lassen.
Die Krebsschwänze und Scheren ausbrechen und den Darm entfernen.
Das Gemüse putzen und waschen, Kohlrabi olivenförmig schneiden (tournieren). Den Spargel schälen und in Stücke schneiden. Die Morcheln mehrmals gut waschen.
In einem flachen Topf die Schalotten in Butter anschwitzen.
Das geputzte, gewaschene Gemüse sowie die Morcheln und Champignons dazugeben. Mit etwas Krebssud bedecken und mit Salz, Pfeffer und etwas Zucker abschmecken.
Auf den Punkt garen, die Crème fraîche dazugeben und nochmals etwas einkochen. Danach mit der kalten Butter und der geschlagenen Sahne binden.
Die Krebsschwänze, Scheren und Räucheraalfilets dazugeben, leicht erhitzen und auf Tellern anrichten.

Gebratene Jakobsmuscheln auf Staudensellerie

Jörg Wontorra und Frau

Zutaten
16 Jakobsmuscheln
320 g Staudensellerie, geputzt, gewaschen und in kleine Stücke geschnitten
1 EL kleine Kapern
1 kleine Chilischote rot
1 kleine Chilischote grün
1 EL Schalottenwürfel
2 Knoblauchzehen
3 EL Olivenöl
Filets einer Limone
Schalen der Limone, in feine Streifen geschnitten
Salz, Pfeffer aus der Mühle

Zubereitung
Die Staudenselleriestücke in kochendem Salzwasser blanchieren, im Eiswasser abschrecken und erkalten lassen.
Schalottenwürfel in einem flachen Topf in 1 EL Olivenöl anschwitzen. Die Selleriestücke dazugeben, ca. 2 Minuten garziehen lassen und mit Salz und Pfeffer abschmecken. Die Jakobsmuscheln mit Küchenkrepp gut abtrocknen, mit Salz und Pfeffer würzen.
In einer Bratpfanne die Jakobsmuscheln in Olivenöl von beiden Seiten ca. 1 bis 2 Minuten goldbraun braten (sie müssen von innen noch leicht glasig sein), aus der Pfanne nehmen und warm stellen.
Die Knoblauchzehen schälen und in Scheiben schneiden, in den Bratensatz geben und goldbraun anbraten. Danach die fein geschnittenen Chilischoten, Kapern, Limonenfilets und Streifen der Limonenschale dazugeben.
Auf vorgewärmten Tellern zuerst den Staudensellerie anrichten, die Jakobsmuscheln darauf setzen und mit dem Bratensatz, in Verbindung mit den Chilis, Kapern und Limonenfilets, über das Ganze geben.

Salat vom Mini-Fenchel mit rosa gebratenem Thunfisch und schwarzen Oliven

Zutaten
400 g Thunfisch
12 Mini-Fenchel
einige Friséesalat- und Rucolablätter
10 schwarze Oliven ohne Stein, in Scheiben geschnitten
1 EL gehackte Korianderblätter
Filet und Schale von 1 Orange
Olivenöl

Sesam-Orangen-Vinaigrette
Saft von einer Orange
Saft von einer Zitrone
1/2 TL Sambal Olek
4 EL Sesamöl
3 EL Hühnerbrühe
Etwas Zucker, Salz und Pfeffer aus der Mühle

Bernhard Langer

Zubereitung
Den Mini-Fenchel putzen, vierteln und gut waschen.
In Salzwasser auf den Punkt garen und im Eiswasser abschrecken. Friséesalat und Rucola putzen, gut waschen und abtropfen lassen.
Die Zutaten für die Sesam-Vinaigrette in eine Schüssel geben, gut verrühren und mit etwas Zucker, Salz und Pfeffer abschmecken.
Den Fenchel, Salate und Orangenfilets in einer Schüssel mit der Sesam-Orangen-Vinaigrette marinieren.
Das Thunfischfilet mit Salz und Pfeffer würzen, in Olivenöl ca. 2 Minuten rosa braten und in Streifen schneiden.
Den marinierten Salat auf Tellern anrichten.
Die Thunfischstreifen darauf setzen und mit den Oliven und Streifen der Orangenschale garnieren.

Imperial-Austern im Tempurateig gebacken, auf scharfem Wok-Gemüse

Zutaten
12 Imperial-Austern, 6/0
1 Beutel Tempuramehl
Wasser, Fettbad

Wok-Gemüse
2 rote Zwiebeln in Streifen
1 große gehackte Knoblauchzehe
1 kleine Lotuswurzel
100 g Sojasprossen
jeweils 50 g Streifen von grünen und gelben Paprikaschoten
50 g Lauchstreifen
50 g Möhren in Streifen
50 g Zuckerschoten in Streifen
80 g Shii-take-Pilze in Streifen
3 EL Sonnenblumenöl
1 kleine grüne Chilischote
15 g geriebener frischer Ingwer
1/2 EL Speisestärke
2 EL Sojasauce
1 EL Austernsauce (Asia-Laden)
2 cl Sherry
1 EL Sesamöl
2 EL gehackte Korianderblätter
Meersalz und Pfeffer aus der Mühle, Zitronensaft, 1 Prise Zucker

Zubereitung
Die Austern gut waschen, aufbrechen, säubern und aus der Schale lösen.
Die Austernschalen zur Seite stellen.
Aus Tempuramehl und Wasser einen dickflüssigen Teig herstellen und mit Salz würzen.
Den Wok erhitzen und das Sonnenblumenöl hineingeben. Als erstes die roten Zwiebeln mit dem gehackten Knoblauch in den Wok geben. Dann in der Reihenfolge des Garpunktes die anderen Gemüse wie Möhren, Paprikaschoten, die geschälte, in kleine Scheiben geschnittene Lotuswurzel, Zuckerschoten, Lauch, Shii-take-Pilze, Sojasprossen, geriebenen Ingwer, gehackte Chilischote dazugeben. Mit Salz, Pfeffer aus der Mühle, etwas Zucker und einem Spritzer Zitronensaft würzen. Dann mit Sojasauce, Austernsauce, Sherry angießen.
Die Speisestärke dazugeben und 2 Minuten weiter köcheln lassen.
Zum Schluß die gehackten Korianderblätter unterheben.
Die ausgelösten Austern mit Küchenkrepp abtrocknen und mit Pfeffer würzen.
Durch den Tempurateig ziehen und im Fettbad bei 200° goldgelb backen.
In einen tiefen Teller Meersalz geben, die Austernschalen darauf anordnen, das Wokgemüse in die Austernschalen füllen und die gebackenen Austern darauf anrichten.

Dr. Walter und Barbara Scheel

Pescaccio vom Thunfisch mit gebratenen Steinpilzen

Rezept als Vorspeise

Zutaten
400 g rosa Thunfischfilet
2 EL geriebener Meerrettich
50 g geröstete Pinienkerne
2 EL fein geschnittener Schnittlauch
160 g frische Steinpilze
1 EL Schalottenwürfel
2 EL Sesamöl
3 EL Sonnenblumenöl
2 EL Hühnerbrühe
etwas Limonensaft, Meersalz und Pfeffer aus der Mühle
Alufolie, Klarsichtfolie

Peter Hofmann

Zubereitung
Das rohe Thunfischfilet in Alufolie einrollen.
In den Tiefkühlschrank (Eisfach) legen und 2 Stunden einfrieren.
Mit der Aufschnittmaschine oder einem scharfen Messer in dünne Scheiben schneiden und gleich auf Tellern anrichten. Aus Sesamöl, Sonnenblumenöl, Limonensaft und Hühnerbrühe eine Vinaigrette herstellen.
Diese Vinaigrette mit dem Löffel oder einem Pinsel gleichmäßig auf dem Thunfisch verteilen.
Mit Meersalz und Pfeffer würzen.
Mit Schnittlauch, geriebenem Meerrettich und Pinienkernen bestreuen.
Die geputzten, in Scheiben geschnittenen Steinpilze mit den Schalottenwürfeln in der Pfanne goldgelb braten, mit Salz und Pfeffer würzen und auf dem Pescaccio in der Mitte anrichten.

Rotbarbenfilet auf gebratenem Radicchio

Zutaten:
8 Rotbarbenfilets mit Haut, ohne Gräten
1 EL Butterschmalz
4 Köpfe geputzter Radicchiosalat
1 EL Butter
1 EL feine Schalottenwürfel
2 EL Aceto Balsamico
50 g gewürfelter, eingelegter Kürbis (im Feinkostgeschäft erhältlich)
etwas Zitronensaft, Salz und Pfeffer aus der Mühle
Sellerie

Dieter Thomas Heck

Zubereitung
Den Radicchiosalat vierteln, waschen und abtrocknen.
Butter auslassen. Dann die Schalottenwürfel dazugeben und darin den Radicchio braten. Mit Balsamico-Essig ablöschen und mit Salz und Pfeffer würzen.
Die Rotbarbenfilets mit Salz und Pfeffer würzen und mit etwas Zitronensaft säuern. In einer heißen Pfanne mit Butterschmalz von beiden Seiten je 1 Minute kroß braten.
Den Salat auf Tellern anrichten, den Fisch darauf setzen, den Bratensaft und Essig über den Radicchio geben.

Als Garnitur: gebackene Selleriestreifen und Kürbiswürfel

Gegrillter Hummer auf Ingwer-Kürbis-Risotto

Dieses Gericht wird in unserem Restaurant als Vorspeise oder im Menü als Zwischengericht serviert.

Werner Böhm

Zutaten
2 Hummer à 500 g, ca. 4–5 Minuten glasig gekocht
100 g Risottoreis
1/4 l Hühnerbrühe
50 g Butter
2 Schalotten
2 EL gewürfelter, blanchierter Kürbis
15 g geriebener frischer Ingwer
1 TL geriebener Parmesankäse
1 EL geschlagene Sahne
etwas Zucker, Salz und Pfeffer
40 g eingelegte Ingwerscheiben (Asia-Feinkostläden)

Zubereitung
Die Hummer halbieren, die Hummerschwänze in der Schale lassen.
Die Hummerscheren sowie Gelenke und Beine ausbrechen.
Die Schalotten und Kürbiswürfel zusammen in der Butter anschwitzen, Reis hinzufügen und mit der Hälfte der Hühnerbrühe auffüllen.
Bei mittlerer Hitze kochen, bis die Flüssigkeit aufgenommen ist.
Nach und nach unter Rühren die restliche Hühnerbrühe dazugießen.
Das Risotto muß noch etwas Biß haben.
Mit geriebenem Ingwer, etwas Zucker, Salz und Pfeffer abschmecken.
Zum Schluß den geriebenen Parmesan und die geschlagene Sahne unterheben.
Die Hummergelenke und das Beinfleisch in kleine Stücke schneiden und unter das Risotto geben.
In einer Grillpfanne die Hummerschwänze mit Schale und die Scheren ohne Schale bei mittlerer Temperatur etwa 3 Minuten kurz braten.
Das Risotto auf vorgewärmten Tellern anrichten, den gegrillten Hummer darauf setzen.

Als Garnitur: Den eingelegten Ingwer gut abtrocknen und im Fettbad bei 180° goldgelb ausbacken.

Herzmuscheln im Sud mit Chili und Knoblauch

Hans Hermann Tiedje und
Michael Schanze

Zutaten
2 kg Herzmuscheln
6 rote, entkernte frische Chili
6 grüne entkernte Peperonis
3 EL Selleriewürfel
3 EL Möhrenwürfel
3 EL Lauchwürfel
3 EL Schalottenwürfel
3 EL fein geschnittener Dill
100 g Sojasprossen
2 Knoblauchzehen
1/2 l Weißwein
1/4 l Hühnerbrühe
1 TL Ingwerpulver
Salz, Pfeffer aus der Mühle,
Olivenöl

Zubereitung
In einem großen breiten Topf zuerst die Schalotten und die gehackten Knoblauchzehen anschwitzen. Dann die gut gewaschenen Herzmuscheln, sowie Sellerie, Lauch, Möhren, Chili, Peperoni und Sojasprossen dazugeben.
Mit Ingwerpulver, Salz und Pfeffer würzen und mit Weißwein und Hühnerbrühe auffüllen.
Bei starker Hitze die Muscheln im geschlossenen Topf ca. 5 Minuten garen.
Nun den Dill dazugeben und in tiefen Tellern anrichten.

Als Beilage: frisches warmes Baguette

Mini-Pizza

Mini-Pizza mit Gambas

Zutaten für den Teig
250 g Weizenmehl, Typ 405
20 g frische Hefe
1/8 l lauwarmes Wasser
1/2 TL Salz
2 EL Olivenöl

Belag
8 Gambas, Seawater, ohne Kopf und Schale
3 kleine grüne Chilischoten
3 kleine rote Chilischoten
3 EL gewürfelte, abgezogene und entkernte Tomaten
3 EL Paprikaschoten, in kleine Würfel geschnitten (gelbe und grüne)
3 EL Tomatenketchup
1 EL gehackte Knoblauchzehe
3 EL geriebener Parmesankäse
Salz

Zubereitung
Für den Teig das Mehl in eine Schüssel sieben und in die Mitte eine Mulde drücken.
Die Hefe hineinbröckeln, mit dem Wasser auflösen und dabei etwas Mehl vom Rand mit untermischen. Den Ansatz mit Mehl bestäuben. Die Schüssel mit einem sauberen Tuch abdecken und den Teig an einem warmen, zugfreien Ort gehen lassen, bis die Oberfläche Risse zeigt.
Dann Salz und Öl zum vorbereiteten Teig geben und alles zu einem glatten Teig verkneten. Eine Kugel daraus formen und alles nochmals gehen lassen, bis der Teig das Doppelte seines Volumens erreicht hat. Nochmals gut durchkneten und auf einer bemehlten Arbeitsfläche dünn ausrollen.
Vier Mini-Pizzas – Durchmesser ca. 15 cm – herausschneiden und auf ein mit Backpapier ausgelegtes Backblech setzen.
Die Teigböden mehrmals mit der Gabel einstechen und bei 220° im vorgeheizten Ofen ca. 10 bis 12 Minuten blind vorbacken.
Die vorgebackenen Teigböden mit Tomatenketchup bestreichen, so daß noch ein Rand von einem halben cm bleibt. Die Gambas der Länge nach halbieren und etwas salzen. Die Chilischoten entkernen und kleinschneiden. Die Teigböden mit allen Zutaten bunt belegen und mit Parmesan bestreuen.
Im vorgeheizten Ofen bei 220° nochmals ca. 10 Minuten fertig backen und sofort servieren.

Mini-Pizza mit Jakobsmuscheln

Zutaten für den Teig
siehe Mini-Pizza mit Gambas

Belag
12 geputzte Jakobsmuscheln ohne Rogen
Filets von 1 Limone
1 EL gehackte Knoblauchzehen
2 EL kleine Kapern
3 EL geputzter, in kleine Würfel geschnittener Staudensellerie
3 EL Tomatenketchup
1 Messerspitze Sambal Olek
3 EL gewürfelte Paprikaschoten
3 EL geriebener Parmesan
Salz

Zubereitung
siehe Mini-Pizza mit Gambas

Mini-Pizza mit Hummer und Sauerkraut

Zutaten für den Teig
siehe Mini-Pizza mit Gambas

Belag
4 gekochte, halbierte Hummerschwänze
4 gekochte Hummerscheren
4 EL gekochtes Sauerkraut
1 EL Crème fraîche
15 g frischer geriebener Ingwer
3 EL geschälter, in kleine Würfel geschnittener Apfel
3 EL geriebener Parmesan

Zubereitung
Das Sauerkraut gut ausdrücken und mit der Crème fraîche vermischen.
Weitere Verarbeitung wie vorstehende Rezepte Mini-Pizza

Bouillabaisse des Nordens

Zutaten für den Sud (Brühe)
1 kg Seezungengräten
1/2 l trockener Weißwein
1/2 l Fischfond
4 cl Pernod
2 Knoblauchzehen, geschält, gehackt
3 EL Olivenöl
1 Stange Lauch
80 g Fenchel
80 g Sellerie
1 Petersilienwurzel
4 Schalotten
1/2 Lorbeerblatt
2 Nelken
5 zerdrückte Wacholderbeeren
1 Zweig Rosmarin
1/2 g Safran
Meersalz, Pfeffer aus der Mühle

Heinz Hoenig

Zubereitung
Die Seezungengräten waschen und kleinschneiden, in Olivenöl zusammen mit dem geputzten, gewaschenen und kleingeschnittenen Gemüse sowie dem gehackten Knoblauch anschwitzen. Mit Fischfond, Weißwein und Pernod auffüllen. Die Gewürze und Kräuter dazugeben, einmal aufkochen und 20 Minuten auf kleiner Flamme sieden lassen. Anschließend durch ein Haarsieb oder Passiertuch gießen.

Bouillabaisse
200 g Seeteufelfilet
200 g Seezungenfilet
200 g Drachenkopffilet
4 Gambas 8/12er ohne Kopf und Schale
4 Jakobsmuscheln
1 Hummer, gekocht (Schwanz und Schere) à 500 g
200 g in Rauten geschnittenes Gemüse (Lauch, Sellerie, Fenchel, rote Paprikaschote, Wurzel)
2 EL Olivenöl
2 EL Schalottenwürfel
40 g fein geschnittene Kräuter (Estragon, Dill, Kerbel, Schnittlauch, Petersilie)

Zubereitung
In einem flachen Topf die Schalottenwürfel zusammen mit den Gemüserauten in Olivenöl anschwitzen.
Mit dem Sud (Brühe) auffüllen und zum Kochen bringen.
Die Fischfilets in ca. 2 bis 3 cm große Würfel schneiden.
Die Jakobsmuscheln halbieren, die Gambas ganz lassen.
Mit Salz und Pfeffer würzen, in die kochende Brühe geben und vorsichtig ca. 3 Minuten auf den Punkt gar ziehen lassen.
Zum Schluß das Hummerfleisch und die Kräuter dazugeben.
Nochmals mit Salz, Pfeffer und Pernod abschmecken.

Hummerrahmsuppe

Hummersud
Zutaten für 6 Personen
2 Hummer à 500 g
6 l Wasser
1/2 Stange Lauch
2 EL Meersalz
1 TL ganzer Kümmel
1/4 l Weißwein
1 TL zerdrückte weiße Pfefferkörner
1 gespickte Zwiebel (mit 1 Lorbeerblatt und 2 Nelken)

Zubereitung
Die 6 l Wasser, 1/4 l Weißwein in einen 10-l-Topf geben. Den geputzten, gewaschenen Lauch sowie die gespickte Zwiebel, Kümmel, Pfefferkörner und das Meersalz dazugeben und zum Kochen bringen. Die Hummer mit dem Kopf zuerst in den kochenden Sud geben und eine Minute weiter kochen, danach auf kleiner Flamme ca. 5 bis 6 Minuten im Sud ziehen lassen.
Die Hummer herausnehmen, in Eiswasser abschrecken und erkalten lassen. Das Hummerfleisch aus der Schale (Panzer) brechen und zur Seite stellen.

Hummerrahmsuppe
Zutaten
Schalen von 2 Hummern
250 g Röstgemüse (Möhren, Fenchel, Sellerie, Zwiebel, Lauch)
2 EL Sonnenblumenöl
2 Tomaten
1 EL Tomatenmark
1 EL Zucker
1 TL zerdrückte weiße Pfefferkörner
Salz
1/4 l Hummersud
1/2 l Hühnerbrühe
1 l flüssige Sahne
1/4 l Cream Sherry
4 cl Cognac
3 EL Crème double
2 EL geschlagene Sahne
80 g Butter

Zubereitung
Die zerkleinerten Hummerschalen in Sonnenblumenöl zusammen mit dem Röstgemüse, zerdrückten Pfefferkörnern und etwas Salz anbraten. Mit 2 cl Cognac flambieren und mit 1/4 l Cream Sherry ablöschen. Das Tomatenmark sowie die geschnittenen Tomaten dazugeben und mit der Hühnerbrühe, dem Hummersud und der flüssigen Sahne auffüllen. Alles bei mittlerer Hitze ca. 25 Minuten langsam köcheln lassen.
Durch ein Haarsieb gießen und auf 2/3 einkochen. Crème double dazugeben, nochmals aufkochen und mit der kalten Butter binden. Die geschlagene Sahne unterheben und mit dem Rührstab aufmixen. Mit Salz, Zucker und dem restlichen Cognac abschmecken. Das Hummerfleisch als Einlage dazugeben.

Als Garnitur: gekochte Gemüsestreifen

Hauptspeisen

Seezungenfilet gebraten mit Artischockenherzen und getrockneten Tomaten

Udo Jürgens

Zutaten
8 Seezungenfilets
12 Artischocken à 120 g
2 EL Zitronensaft
200 g gekochte, in Würfel geschnittene Kartoffeln
2 EL in Streifen geschnittene, getrocknete Tomaten
1 EL kleine Kapern
2 EL Butterschmalz
1 EL Schalottenwürfel
1 EL geschnittener Schnittlauch
Filets von 1 Limone
50 g Butter
Salz, Pfeffer, etwas Zucker
Mehl

Zubereitung
Von den Artischocken das obere Drittel mit dem Sägemesser abschneiden.
Die äußeren Artischockenblätter rundherum entfernen. Die Artischockenstiele abschneiden und die Artischockenherzen in Salzwasser mit dem Zitronensaft ca. 25 Minuten garen.
Anschließend in Eiswasser abschrecken.
In einer Stielpfanne die Kartoffelwürfel und die halbierten Artischockenherzen goldbraun braten.
Dann die Schalottenwürfel, die getrockneten Tomaten, Kapern, Limonenfilets und den Schnittlauch in die Pfanne geben und mit Salz, Pfeffer und Zucker würzen.
Die Seezungenfilets mit Salz und Pfeffer würzen, in Mehl wenden, gut abklopfen und in der Pfanne in Butterschmalz von beiden Seiten ca. 3 Minuten goldbraun braten.
Auf vorgewärmten Tellern zuerst das Gemüse anrichten und die Seezungenfilets darauf setzen.

Als Garnitur: gebackene Schwarzwurzel und glatte Petersilie

Lachsfilet mit Pumpernickel-Backpflaumenkruste auf süß-saurem Wirsinggemüse mit Korianderschaum

Zutaten
600 g Lachsfilet ohne Haut, ohne Gräten
80 g Backpflaumen ohne Stein
100 g Pumpernickel, gerieben
1 EL Schalottenwürfel
80 g Butter
Salz, Pfeffer

Zubereitung Lachsfilet
Das Lachsfilet in vier Portionen à 150 g schneiden.
Die Backpflaumen in sehr feine Würfel schneiden.
Die Schalottenwürfel in einem flachen Topf in etwas Butter glasig anschwitzen.
Die Backpflaumen dazugeben und mit Salz und Pfeffer würzen.
Die restliche Butter schaumig aufschlagen und mit den Backpflaumen und den Pumpernickelbröseln verrühren. Es muß eine homogene Masse entstehen, die auf das Lachsfilet ca. 1/2 cm dick aufgetragen wird. Im vorgeheizten Ofen bei 180 bis 200° Oberhitze ca. 10 bis 15 Minuten garen.

Dr. Klaus von Dohnanyi und Leonard Bernstein

Korianderschaum
1/4 l Fischfond
2 El Crème fraîche
2 EL geschlagene Sahne
3 EL fein geschnittene Korianderblätter
30 g Butter
Saft von einer halben Zitrone
1/2 EL Zucker
Salz und Pfeffer

Zubereitung
Fischfond zusammen mit der Crème fraîche etwas einkochen. Mit Zucker, Sahne und Zitronensaft abschmecken. Die geschlagene Sahne und die Korianderblätter dazugeben und mit dem Mixstab aufschlagen.

Wirsinggemüse
250 g Wirsingkohl, in Streifen geschnitten
2 EL blanchiertes Gemüse wie Sellerie, Fenchel, Lauch
2 EL fein gewürfelte Paprikaschoten, rot, gelb und grün
2 EL fein gewürfelte Schalotten
1 EL Olivenöl
2 EL Sesamöl
1 Messerspitze Sambal Olek
1 EL Zucker
10 g frischer geriebener Ingwer
1 Spritzer Zitronensaft
Salz

Zubereitung
(Am besten im Wok zubereiten)
Olivenöl, Schalotten und den Wirsing in den Wok geben und etwas anschwitzen.
Danach das blanchierte Gemüse und die Paprikawürfel dazugeben.
Mit Sesamöl, Sambal Olek, Ingwer, Zitronensaft, Salz und Zucker abschmecken.
Das Wirsinggemüse auf vorgewärmten Tellern anrichten.
Das Lachsfilet auf das Wirsinggemüse setzen und den Korianderschaum angießen.

Als Beilage: Kartoffelpüree

Terra de Mare, Hühnchen mit Hummer

Berti und Monika Vogts

Zutaten
2 Stubenküken
2 gekochte Hummer à 500 g
etwas Röstgemüse wie Wurzeln, Fenchel, Sellerie, Zwiebeln
1 EL Tomatenmark
4 EL Olivenöl
4 cl Cognac
1/4 l weißer Portwein
1/2 l Hühnerbrühe
1/2 l flüssige Sahne
50 g Butter
2 EL geschlagene Sahne
1 kleiner Zweig Rosmarin
100 g geputzte Pfifferlinge
4 Frühlingszwiebeln
8 geputzte Fingermöhrchen
8 geputzte, halbierte Schalotten
4 abgezogene Kirschtomaten
8 grüne Oliven ohne Stein
8 schwarze Oliven ohne Stein
Salz und Pfeffer

Zubereitung
Die Keulen sowie die Brüste von den Stubenküken auslösen.
Die gekochten Hummer halbieren und aus der Schale lösen, die Scheren und Schwänze ausbrechen und zur Seite stellen.
Die Hühnerknochen sowie die Hummerschalen zerkleinern und in einem großen Topf zusammen mit dem Röstgemüse in Olivenöl anbraten. Mit Cognac flambieren und mit dem Portwein ablöschen.
Das Tomatenmark dazugeben, nochmals Farbe nehmen lassen. Mit der Hühnerbrühe und der flüssigen Sahne auffüllen und mit Salz und Pfeffer würzen.
Den Rosmarinzweig dazugeben und ca. 30 Minuten köcheln lassen.
In der Zwischenzeit die Hühnerkeulen und Brüste mit Salz und Pfeffer würzen und in einer Pfanne in Olivenöl von beiden Seiten goldbraun anbraten.
Die Sauce durch ein Haarsieb gießen. Die angebratenen Hühnerstücke in einen flachen Topf geben, mit der Sauce bedecken und ca. 20 Minuten im Topf schmoren. Danach die Keulen und Brüste aus der Sauce nehmen und warm stellen.
Die Sauce etwas einkochen, mit der kalten Butter binden und mit der geschlagenen Sahne montieren. Die Hühnerstücke sowie die Hummerschwänze und -scheren wieder in die Sauce geben und langsam erhitzen.
In einer Stielpfanne die Schalotten zusammen mit den Pfifferlingen anbraten. Dann das andere Gemüse wie Frühlingszwiebeln, Fingermöhrchen und Oliven dazugeben und mit Salz und Pfeffer abschmecken.
Auf vorgewärmten Tellern den Hummer mit dem Geflügel anrichten, mit der Sauce übergießen und das Gemüse dazu geben.

Dorade im ganzen gebraten mit Zucchinigemüse und Pfifferlingen

Dr. Henning Voscherau

Zutaten
4 ganze ausgenommene Doraden à 400 g
4 kleine Zweige Rosmarin
4 Knoblauchzehen
4 EL Olivenöl
etwas Mehl
Meersalz und Pfeffer aus der Mühle

Zubereitung
Die ausgenommenen Doraden gut waschen und mit Küchenkrepp abtrocknen.
Die Knoblauchzehen schälen und in feine Scheiben schneiden. Die Doraden mit Salz und Pfeffer würzen. In die Bauchhöhlen der Doraden je einen kleinen Zweig Rosmarin sowie etwas Knoblauch hineingeben. Die Doraden in Mehl wenden, gut abklopfen und in einem großen Bräter in Olivenöl von beiden Seiten kurz goldbraun anbraten. Sie dann aus dem Bräter nehmen und warm stellen.

Zucchinigemüse
2 Zucchini
4 EL gewürfelte rote, gelbe und grüne Paprikaschoten
200 g geputzte Pfifferlinge
2 EL gehackte glatte Petersilie
3 Knoblauchzehen
4 EL gewürfelte Schalotten
200 g geschälte, rohe Kartoffeln, in 1 cm große Würfel geschnitten
50 g Butter

Zubereitung
Die gewürfelten Schalotten zusammen mit den Würfelkartoffeln in den Bräter geben. Kurz anbraten, dann die in 1 cm große Würfel geschnittenen Zucchini, die Paprikawürfel, gehackte Knoblauchzehen sowie die Pfifferlinge dazugeben. Mit Salz und Pfeffer würzen und die angebratenen Doraden daraufsetzen.
Die Butter dazugeben und im vorgeheizten Ofen bei 180° ca. 15 bis 20 Minuten garen lassen.
Zum Schluß die gehackte Petersilie unterheben und auf Tellern anrichten.

Kabeljaufilet gedünstet auf Apfel-Rahmsauerkraut

Uwe Friedrichsen

Zutaten
800 g Kabeljaufilet mit Haut ohne Gräten
50 g Butter
2 EL Zwiebelwürfel
1/2 l trockener Weißwein
1/2 l Fischbrühe
Salz

Zubereitung
In einem flachen Topf die Zwiebelwürfel in Butter anschwitzen.
Das Kabeljaufilet in vier Portionen à 200 g schneiden, etwas salzen und in den Topf geben.
Mit Weißwein und Fischbrühe auffüllen, zum Kochen bringen und auf kleiner Flamme ca. 15 Minuten gar ziehen lassen.

Apfel-Rahmsauerkraut
500 g Sauerkraut
1 großer Apfel, geschält und entkernt
15 g frischer, geriebener Ingwer
4 geputzte, in feine Streifen geschnittene Schalotten
1 große, geschälte Kartoffel
50 g Butter
1/2 l Rieslingwein
3 EL Crème fraîche
1 EL geschlagene Sahne
Zucker, Salz

Zubereitung
Das Sauerkraut gut waschen, abtropfen lassen und zuerst kochen, da es am längsten dauert.
Die Schalotten in Butter anschwitzen und das Sauerkraut dazugeben.
Mit Salz und Zucker würzen, mit dem Rieslingwein auffüllen und ca. 1/2 Stunde köcheln lassen.
Danach den in feine Scheiben geschnittenen Apfel, geriebenen Ingwer und die geriebene Kartoffel dazugeben. (Die geriebene Kartoffel gibt unserem Sauerkraut eine sämige Bindung.) Nochmals ca. 5 Minuten köcheln lassen.
Dann die Crème fraîche sowie die geschlagene Sahne unterziehen und mit Zucker und Salz abschmecken.
Auf vorgewärmten Tellern zuerst das Rahmsauerkraut anrichten, das Kabeljaufilet gut abtropfen lassen und auf das Sauerkraut setzen.

Als Beilage: Petersilienkartoffeln
Als Garnitur: gedünstete Apfelspalten

Kalbsschwanzragout mit Languste und Morcheln

Otto Rehhagel und Reinhold Beckmann

Zutaten

600 bis 800 g Kalbsschwanz – man gibt pro Portion ca. 2 bis 3 Stück – vom Metzger pariert und zurechtgeschnitten
1 Languste, ca. 700–800 g
250 g Röstgemüse wie Möhren, Zwiebeln, Sellerie, Fenchel, Lauch, geputzt, gewaschen und in große Würfel geschnitten
4 blanchierte Frühlingszwiebeln (als Garnitur)
80 g frische geputzte und gewaschene Morcheln
1 Zweig Rosmarin
1 TL Orangenzeste
1 TL Zitronenzeste (Zeste ist die Schale der Orange oder Zitrone, in feine Streifen geschnitten)
1 Knoblauchzehe
1/4 l Weißwein
50 g Butterschmalz
1 l Hühnerbrühe
2 EL Olivenöl
2 EL Schalottenwürfel
1 TL zerdrückte Pfefferkörner
1 EL Tomatenmark
4 cl weißer Portwein
2 cl Cognac
50 g kalte Butter
1 TL Mondamin
Salz, Zucker

Zubereitung

Die Languste wird genauso gekocht wie der Hummer (siehe Rezept Hummersud S. 48)
Der Langustenschwanz wird mit der Schale in ca. 2 cm dicke Scheiben geschnitten. Die restlichen Schalen zerkleinern und in einem flachen Topf in Butterschmalz zusammen mit den Schalotten anbraten. Mit Cognac flambieren und mit Weißwein ablöschen.
Die Hühnerbrühe, etwas Salz, Zucker und den weißen Portwein dazugeben. Ca. 20 Minuten bei mittlerer Hitze köcheln lassen. Danach durch ein Haarsieb gießen und zur Seite stellen.
Die Kalbsschwanzstücke in einem Bräter in Olivenöl von allen Seiten braun anbraten. Das Röstgemüse und die zerdrückte Knoblauchzehe, Tomatenmark, Salz und Pfeffer dazugeben.
Mit dem Langustenfond auffüllen und ca. 1 1/2 Std. langsam garen. Das Kalbfleisch muß sich leicht vom Knochen lösen lassen.
Die Kalbschwanzstücke aus dem Sud nehmen und zur Seite stellen.
Zu diesem Sud (Sauce) jetzt die Orangen- und Zitronenzeste sowie den Rosmarin geben und ca. 10 Minuten köcheln lassen. Durch ein Haarsieb gießen, etwas einkochen und dann mit angerührtem Mondamin leicht binden. Die in Scheiben geschnittenen Morcheln dazugeben, nochmals aufkochen und mit der Butter montieren (aufschlagen).
Die Kalbsschwänze, Langustenschwanzstücke in dieser Sauce erhitzen, nicht mehr kochen lassen.
Auf vorgewärmten Tellern anrichten und mit der Sauce übergießen (nappieren).

Curry vom Drückerfisch

Wladimir Klitschko, Jo Geistler und Dr. Vitali Klitschko

Zutaten
600 g Drückerfischfilet ohne Haut und Gräten
80 g gekochtes Muschelfleisch
1/2 Salatgurke
4 Mini-Fenchel
1 EL Schalottenwürfel
50 g Butter
1/4 l Weißwein

Zubereitung
Die Salatgurke der Länge nach halbieren, die Kerne mit dem Suppenlöffel herausschälen.
Die Mini-Fenchel putzen, gut waschen und halbieren.
In einem flachen Topf die Schalotten in Butter glasig anschwitzen, das in große Streifen geschnittene Drückerfischfilet zusammen mit dem Mini-Fenchel, der in feine Stücke geschnittenen Gurke und Muschelfleisch dazugeben.
Den Weißwein angießen und ca. 10 Minuten zugedeckt auf kleiner Flamme garen. Warmstellen.

Currysauce
1 Banane
3 EL Mangowürfel
1 EL Schalottenwürfel
50 g Butter
1 Apfel, geschält, entkernt und in Würfel geschnitten
1/4 l Fischfond
1/4 l Hühnerbrühe
1 TL Mango Chutney
2 EL Crème double
1 EL geschlagene Sahne
Salz und Zucker

Zubereitung
Die Schalotten in einem Topf in Butter glasig anschwitzen.
Die Banane schälen, würfeln und zusammen mit dem anderen Obst wie Mango, Apfel und Mango Chutney dazugeben. Mit Fischfond und Hühnerbrühe auffüllen und ca. 20 Minuten langsam köcheln lassen. Mit dem Rührstab glatt mixen und mit Salz und Zucker abschmecken.
Die Crème double dazugeben, nochmals aufkochen und die geschlagene Sahne unterziehen.
Auf vorgewärmten Tellern die Fischstreifen, das Gemüse und die Muscheln anrichten und mit der Currysauce übergießen.

Als Beilage: Butterreis
Als Garnitur: in Scheiben geschnittene Sternfrüchte, die kurz in Butter gebraten werden

Kaisergranat auf Cognacsahne mit Lammbries und Minz-Sabayon

Placido Domingo

Zutaten
1/2 l Fischbrühe
1/2 Sellerie
1 TL Kümmel
1 Schalotte
1 Wurzel
5 Pfefferkörner
12 große Kaisergranatschwänze
150 g abgezogenes gekochtes Lammbries
1 Strauß Minze
4 Eigelb
1 Zitrone
50 g Hummerbutter
4 cl Cognac,
2 EL Crème fraîche
80 g Butter
1/4 l trockener Weißwein
1/2 l Fischbrühe
1 EL geschlagene Sahne
Salz, weißer Pfeffer
Cayennepfeffer

Zubereitung
Pro Person nimmt man 3 Kaisergranatschwänze.
Diese werden in Fischbrühe mit der Wurzel, dem Sellerie, Kümmel, der Schalotte, Pfefferkörnern und Salz etwa 5–6 Minuten gegart. Die gekochten Granatschwänze bis zur Schwanzflosse vom Panzer schälen.
Das abgezogene weiße Lammbries in 8 gleichmäßige Scheiben schneiden, leicht mit weißem Pfeffer und Salz würzen und in Butter braten.
Die Kaisergranatschalen zerkleinern und mit 1/2 l Fischfond auffüllen, 15 Minuten köcheln lassen, passieren und auf die Hälfte einkochen. Mit der Hummerbutter und Crème fraîche binden.
Mit Salz, Cayennepfeffer, etwas Zitronensaft und Cognac abschmecken und 1 EL geschlagene Sahne unterheben.
4 Eigelbe mit etwas Fischfond und trockenem Weißwein im Wasserbad bei ca. 90° zu einem Sabayon aufschlagen.
Mit Salz, etwas Zitronensaft abschmecken und die in Streifen geschnittene Minze unterziehen.

Gratiniertes Lachs-Pescaccio mit schwarzen Trüffeln

Zutaten
400 g frisches Lachsfilet ohne Gräten
50 g zerlassene Butter
1 schwarzen Trüffel, ca. 20 g
6 mittlere geschälte Kartoffeln
1/8 l flüssige Sahne
2 EL Trüffelöl
Meersalz und Pfeffer aus der Mühle, etwas geriebene Muskatnuß

Zubereitung
Die Teller mit der zerlassenen Butter bepinseln. Mit Meersalz und Pfeffer aus der Mühle bestreuen.
Das Lachsfilet in 1/2 cm dicke Scheiben schneiden, und die Teller damit auslegen. Nochmals mit Meersalz und Pfeffer würzen.
Mit einem Trüffelhobel den Trüffel in feine Scheiben hobeln und auf das Lachs-Pescaccio gleichmäßig verteilen.
Die Kartoffeln in Salzwasser gar kochen, durch eine Kartoffelpresse drücken und mit der flüssigen Sahne und Trüffelöl eine homogene, dickflüssige Masse bereiten. Mit Salz und etwas Muskat abschmecken.
Diese Masse auf das Lachs-Pescaccio gleichmäßig etwa 2 mm dick aufstreichen.
Bei Oberhitze ca. 180–200°
2 Minuten überbacken.

Heino

Gebratener Seesaibling auf Okraschoten und Sardellen mit Curry-Sabayon

Zutaten
800 g Seesaiblingfilet ohne Haut und Gräten
300 g Okraschoten
8 eingelegte Sardellen
2 EL Gemüsewürfel wie Sellerie, Lauch, Möhren (blanchiert)
1 El abgezogene Tomaten, in Würfel geschnitten
2 El Olivenöl
1 EL Schalottenwürfel
etwas Butterschmalz zum Braten
Salz, Pfeffer aus der Mühle

Thomas Gottschalk

Zubereitung
Die Okraschoten putzen, waschen, in kochendem Salzwasser kurz blanchieren und in Eiswasser abschrecken.
Die Schalottenwürfel in Olivenöl glasig anschwitzen, blanchierte Gemüsewürfel, Okraschoten und Tomatenwürfel dazugeben und erhitzen. Mit den kleingeschnittenen Sardellen, wenig Salz und mit Pfeffer aus der Mühle würzen.
Die Saiblingfilets mit Salz und Pfeffer würzen, in Butterschmalz kurz von beiden Seiten ca. 2 Minuten braten.
Sofort mit dem vorbereiteten Curry-Sabayon und dem Gemüse servieren.

Curry-Sabayon
1/4 l Hühnerbrühe
4 Eigelbe
1 TL püriertes Mango-Chutney
1 EL frisches Mangopüree
1 EL Ananaspüree
1 EL Schalottenwürfel
1 EL Currypulver
Zucker, Zitronensaft, Salz

Zubereitung
Die Hühnerbrühe zusammen mit Schalotten, dem pürierten Obst und dem Currypulver in einem Topf zum Kochen bringen. Etwas einkochen lassen und durch ein Haarsieb passieren.
Diesen Curryfond zusammen mit den Eigelben im heißen Wasserbad bei 90° zu einem Sabayon aufschlagen. Mit Zitronensaft, Zucker und Salz abschmecken.

Steinbuttfilet gebraten auf getrüffeltem Selleriepüree in Hummerschaum

Hummerschaum
Schalen von 2 Hummern à 500 g
(Sollten Sie keine Hummerschalen bekommen, können Sie auch ganze Hummer verwenden.
Das Hummerfleisch ergänzt sich gut mit dem Steinbutt, Sellerie und Trüffel. In diesem Fall nehmen Sie etwas weniger Steinbutt.)
50 g Selleriewürfel
50 g Möhrenwürfel
1/2 Stange Lauch
1 große Zwiebel
1/4 l Hühnerbrühe
1/2 l flüssiger Sahne
2 EL geschlagene Sahne
1 EL Tomatenmark
2 frische Tomaten
4 cl Cream-Sherry, 4 cl Cognac
50 g Butter
2 EL Olivenöl
1 EL Crème fraîche
Zucker, Zitronensaft, Salz und Pfeffer

Zubereitung
Die Hummerschalen zerkleinern und in einem flachen Topf in Olivenöl leicht anrösten.
Mit Cognac flambieren und mit dem Sherry ablöschen. Das Gemüse, Zwiebel, Tomatenmark sowie die Tomaten dazugeben. Etwas salzen und mit der Hühnerbrühe und der flüssigen Sahne auffüllen. Die Hummerschalen nun ca. 1/2 Stunde köcheln lassen.
Das Ganze durch ein Haarsieb gießen und zur Hälfte einkochen. Die Crème fraîche dazugeben, aufkochen und mit der kalten Butter binden. Mit Salz, Zucker, Zitronensaft und Pfeffer abschmecken. Die geschlagene Sahne dazugeben und mit dem Zauberstab aufschlagen.

Mike, Nina und Birgit Krüger

Selleriepüree
300 g geputzter gewürfelter Sellerie
1/4 l Hühnerbrühe
2 EL Schalottenwürfel
40 g Butter
ca. 20 g frischer Trüffel
1 EL Trüffelöl
Butterschmalz zum Braten
Salz und Pfeffer

Zubereitung
Die Selleriewürfel zusammen mit den Schalotten in Butter anschwitzen (jedes Gemüse entfaltet seinen Eigengeschmack besser, wenn man es längere Zeit anschwitzt). Mit der Hühnerbrühe auffüllen, mit Salz und Pfeffer würzen und völlig weich kochen, so daß fast keine Flüssigkeit mehr vorhanden ist.
Mit dem Mixstab gut pürieren und mit dem Trüffelöl abschmecken.

Steinbuttfilet
600 g Steinbuttfilet

Zubereitung
Die Steinbuttfilets mit Salz und Pfeffer würzen und in Butterschmalz von beiden Seiten ca. 5 Minuten goldbraun braten.

Auf vorgewärmten Tellern zuerst das Selleriepüree anrichten und mit gehobeltem frischem Trüffel bestreuen, den Hummerschaum angießen und das Steinbuttfilet daraufsetzen.

Als Beilage: Petersilienkartoffeln

Schellfischkotelett gekocht mit gebratenem weißem und grünem Spargel

Verona Feldbusch

Zutaten
4 St. Schellfisch mit Haut und Gräten à 250 g
12 Stangen weißer Spargel
12 Stangen grüner Spargel
100 g gekochte Gemüsestreifen wie Lauch, Sellerie, Wurzeln
50 g Butter
1 Zwiebel gespickt mit einer Nelke und einem Lorbeerblatt
1 kleine Stange Lauch
1 kleines Stück Sellerie
2 l Wasser und Meersalz

Zubereitung
2 l Wasser in einen Topf geben, mit Meersalz würzen, Stange Lauch, Sellerie sowie die gespickte Zwiebel dazugeben und zum Kochen bringen.
Die Schellfischstücke in den kochenden Sud geben und auf ganz kleiner Flamme ca. 15 Minuten gar ziehen lassen.
Den Spargel in Butter etwa 10 Minuten braten.

Pommerysenfsauce
1/4 l Fischfond
4 EL Pommerysenf
40 g Butter
1 EL Crème fraîche
2 EL geschlagene Sahne
1 EL Mondamin
Zucker, Zitronensaft, Salz und Pfeffer

Zubereitung
Den Fischfond aufkochen, ganz leicht mit wenig angerührtem Mondamin binden, Pommerysenf und Crème fraîche dazugeben, einmal aufkochen lassen.
Mit Zucker, Zitronensaft, Salz und Pfeffer abschmecken und mit der kalten Butter und der geschlagenen Sahne montieren.

Spargel auf Tellern anrichten, den Schellfisch aus dem Sud nehmen, gut abtropfen lassen und auf den Spargel setzen.
Mit der Pommerysenfsauce überziehen und mit den Gemüsestreifen garnieren.

Als Beilage: Petersilienkartoffeln

Steinbutt im ganzen gebraten mit Mini-Gemüse in Balsamico-Vinaigrette

Reiner Calmund

Zutaten
1 ganzer Steinbutt mit Kopf, ca. 2 kg, küchenfertig
6 Schalotten
12 Fingermöhrchen
6 Mini-Patisson
2 Köpfe Mini-Blumenkohl
2 Mini-Auberginen
1 Zweig Rosmarin
4 Knoblauchzehen
4 EL Olivenöl

Zubereitung
Den Steinbutt mit Salz und Pfeffer würzen, von beiden Seiten goldgelb anbraten und auf ein großes, tiefes Backblech setzen.
Die halbierten Schalotten, Knoblauchzehen sowie das Mini-Gemüse in Olivenöl anbraten. Zusammen mit dem Rosmarinzweig zum Steinbutt geben. Das Ganze ca. 20 Minuten im vorgeheizten Ofen bei 180 bis 200° garen.
Den Steinbutt und das Gemüse auf einer großen Platte anrichten und warm stellen.

Balsamico-Vinaigrette
2 EL Aceto Balsamico
2 cl Rotwein vom Besten
3 EL Fischfond
Salz und Pfeffer

Zubereitung
Den Bratensatz zusammen mit dem Fischfond, Rotwein und Balsamico aufkochen, gut verrühren und mit Salz und Pfeffer abschmecken. Diese Balsamico-Vinaigrette zum Steinbutt extra servieren.

Als Beilage: kleine gebratene Kartoffeln

Gedünstetes Heilbuttfilet auf Kohlrabi in Rahm mit Rote-Bete-Sabayon

Hans R. Beierlein

Zutaten I
800 g Heilbuttfilet ohne Haut, pro Portion 200 g
50 g Butter
1 EL Schalottenwürfel
1/4 l Weißwein
1/4 l Fischfond
Salz und Pfeffer

Zutaten II
400 g Kohlrabi, geschält und in 1/2 cm dicke und 3 cm lange Stücke geschnitten
2 EL Kohlrabiblätter, in Streifen geschnitten
1 EL Schalottenwürfel
40 g Butter
2 EL Crème fraîche
1 EL geschlagene Sahne
1/8 l Hühnerbrühe
etwas Zucker
Muskat, Salz und Pfeffer

Zutaten III
0,2 l Rote-Bete-Saft
0,1 l Rotwein vom Besten
4 Eigelbe
1 EL Schalottenwürfel
ein Spritzer Limonensaft, Zucker, Salz, Pfeffer

Zubereitung I
Die Butter in einem flachen Topf erhitzen, die Schalottenwürfel darin glasig anschwitzen. Die Heilbuttstücke einsetzen, mit Salz und Pfeffer würzen und mit Weißwein und Fischfond auffüllen. Ca. 10 Minuten im geschlossenen Topf bei kleiner Hitze garen.

Zubereitung II
Den Kohlrabi in kochendem Salzwasser auf den Punkt garen und in Eiswasser abschrecken. Die Schalottenwürfel in Butter anschwitzen und die Crème fraîche dazugeben. Mit der Hühnerbrühe auffüllen, etwas einkochen lassen und mit Zucker, Muskat, Salz und Pfeffer würzen. Die Kohlrabistücke dazugeben, dann die gehackten jungen Kohlrabiblätter und die geschlagene Sahne unterheben.

Zubereitung III
Den Rote-Bete-Saft zusammen mit dem Rotwein und den Schalottenwürfeln auf die Hälfte einkochen und durch ein Haarsieb gießen. Die Eigelbe dazugeben und mit etwas Zucker, Limonensaft, Salz und Pfeffer abschmecken und im Wasserbad zu einem Sabayon aufschlagen.

Den Kohlrabi in Rahm auf Tellern anrichten, Heilbutt daraufsetzen und mit dem Sabayon nappieren.

Als Beilage: Butterkartoffeln

Seeteufel im Serranomantel mit Frühlingszwiebeln und Muschelragout

Jörg Knör

Muschelragout
1000 g Miesmuscheln (mit Schale)
1 EL Knoblauchwürfel
3 in Scheiben geschnittene Schalotten
2 EL Olivenöl
1/2 Stange Lauch
1/2 l Weißwein
2 EL Crème fraîche
1 EL fein geschnittener Dill
40 g Butter
80 g blanchierte Gemüsewürfel wie Möhren, Lauch, Sellerie
60 g Tomatenwürfel
Salz und Pfeffer aus der Mühle

Zubereitung
Miesmuscheln waschen und gut putzen. Das Olivenöl in einem Topf erhitzen. Die Schalotten und den Knoblauch darin anschwitzen. Den geputzten, gewaschenen und in Scheiben geschnittenen Lauch dazugeben. Die Miesmuscheln ebenfalls in den Topf geben. Mit etwas Salz und Pfeffer würzen und mit dem Weißwein auffüllen. Bei starker Hitze die Muscheln im geschlossenen Topf ca. 5 Minuten kochen.
Dann vom Herd nehmen und etwas erkalten lassen. Das Muschelfleisch aus der Schale lösen und zur Seite stellen.
Den Fond durch ein Haarsieb gießen und einkochen lassen, in einen kleinen Topf geben, nochmals aufkochen und mit der Crème fraîche und der Butter binden.
Das Muschelfleisch, die Gemüse- und Tomatenwürfel dazugeben und mit dem fein geschnittenen Dill würzen.

Buttersauce
1/4 l Fischfond
2 cl Pernod
2 EL Schalotten
Saft einer halben Zitrone
100 g Butter
Salz und Pfeffer aus der Mühle

Zubereitung
Den Fischfond zusammen mit den Schalotten zur Hälfte einkochen. Saft von der halben Zitrone dazugeben. Mit der kalten Butter binden und mit Pernod, Salz und Pfeffer abschmecken.

Zutaten
800 g abgezogener Seeteufel
12 Frühlingszwiebeln
4 Knoblauchzehen
4 große Scheiben Serranoschinken
4 EL Olivenöl
etwas frischer Thymian
Pfeffer

Zubereitung
Den abgezogenen Seeteufel parieren, in 4 Portionen schneiden und mit Pfeffer würzen. Bitte *nicht* salzen! Die Seeteufelstücke mit den Serranoscheiben umwickeln. Der Schinken gibt dem Fisch genügend Salz.
In einer Pfanne das Olivenöl erhitzen, den Seeteufel von beiden Seiten gleichmäßig anbraten.
Die geputzten Frühlingszwiebeln, den in Scheiben geschnittenen Knoblauch und den frischen Thymian dazugeben und im Ofen bei 180° ca. 15 Minuten weitergaren. Alles auf einem Teller mit gebratenen Kartoffeln appetitlich anrichten.

Zanderfilet mit Lorbeer gebraten auf Peperonata und Polenta Nocken

Otto Waalkes

Zutaten

Peperonata

200 g gelbe Paprikaschoten
150 g grüne Paprikaschoten
200 g rote Paprikaschoten
5 EL Olivenöl
80 g Zwiebeln
3 Knoblauchzehen
1/8 l Weißwein
2 EL Weißweinessig
1 kleiner Rosmarinzweig
40 g Kapern
Salz und Pfeffer
etwas Zucker

Zubereitung

Die Paprika vierteln, entkernen und die weißen Rippen herausschneiden. Paprika mit der Hautseite nach oben auf ein Backblech legen und gleichmäßig mit Olivenöl bestreichen.
Im vorgeheizten Grill auf der obersten Einschubleiste etwa 5 Minuten grillen. Dann die Paprika in einen Topf geben, etwas Weißwein angießen und ca. 10 Minuten abgedeckt dämpfen. Danach die Paprika häuten und in grobe Streifen schneiden. Die geschälten Knoblauchzehen grob hacken und beides zusammen in einer Pfanne in Olivenöl glasig anschwitzen. Die Paprikastreifen, Kapern, Rosmarin und den Essig dazugeben, einmal aufkochen, mit Salz, Pfeffer und etwas Zucker abschmecken.

Paprikabutter

400 g rote Paprikastreifen
1 EL Schalottenwürfel
1/4 l Hühnerbrühe
100 g Butter
etwas Zucker und Zitronensaft
Salz und Pfeffer

Zubereitung

Die Paprikastreifen in Butter zusammen mit den Schalotten anschwitzen.
Mit der Hühnerbrühe auffüllen.
Weichkochen lassen, dann mit dem Mixstab pürieren.
Mit etwas Zucker, Zitronensaft, Salz und Pfeffer würzen. Die kalte Butter dazugeben und nochmals mit dem Zauberstab aufschlagen.

Polenta Nocken

1/8 l Milch
1/8 l Hühnerbrühe
100 g Polenta (Maisgrieß)
20 g Butter
Muskatnuß
Salz

Zubereitung

Die Milch und die Hühnerbrühe aufkochen, mit Salz, etwas geriebener Muskatnuß würzen. Den Maisgrieß einrühren und zu einem dicken Brei kochen.
Die Butter dazugeben, gut verrühren und aus dieser Masse kleine Nocken ausstechen.

Zander

800 g Zanderfilet mit Haut, ohne Gräten
8 frische Lorbeerblätter
Olivenöl zum Braten

Zubereitung

Das Zanderfilet in vier Portionen schneiden, die Hautseite zweimal etwas tiefer einschneiden und je ein Lorbeerblatt einstecken.
Mit Salz und Pfeffer würzen und in Olivenöl ca. 10 Minuten braten.

Als Garnitur: gebackener Rucola

Rascassefilet gebraten auf Couscous mit Mini-Ratatouille

Jan Ullrich

Zutaten
Mini Ratatouille
1 Knoblauchzehe
500 g fein gewürfeltes Gemüse wie rote und gelbe Paprikaschoten, Zucchini, Aubergine und Zwiebeln
1 EL gewürfelte, abgezogene Tomaten
2 EL Olivenöl
Salz und Pfeffer

Zubereitung
Die gehackte Knoblauchzehe zusammen mit den Zwiebeln in Olivenöl anschwitzen. Die anderen Gemüse dazugeben und bißfest garen. Dann die Tomatenwürfel dazugeben, mit Salz und Pfeffer abschmecken.

Paprikasauce
500 g gelbe Paprikastreifen
1 EL Schalottenwürfel
1/4 l Hühnerbrühe
2 EL geschlagene Sahne
50 g Butter,
Salz, Pfeffer
Zucker
etwas Zitronensaft

Zubereitung
Die Paprikastreifen in Butter, zusammen mit den Schalotten anschwitzen.
Mit der Hühnerbrühe auffüllen. Weichkochen, dann mit dem Mixstab pürieren.
Mit etwas Zucker, Zitronensaft, Salz und Pfeffer abschmecken, die geschlagene Sahne dazugeben und nochmals mit dem Mixstab aufschlagen.

Couscous
150 g Couscous
1/2 l Hühnerbrühe
2 EL Tomatenwürfel
je 1 EL blanchierte Selleriewürfel, Lauchwürfel, Möhrenwürfel,
1 EL gehackte glatte Petersilie
1 EL Schalottenwürfel
2 EL Olivenöl
1 TL Currypulver

Zubereitung
Couscous mit etwas heißer Hühnerbrühe bedecken und mit dem Holzlöffel gut verrühren, danach ca. 5 Minuten quellen lassen. Couscous in Hühnerbrühe nochmals ca. 5 Minuten auf den Punkt garen. Durch ein Sieb gießen und zur Seite stellen.
In einem flachen Topf die Schalottenwürfel in Olivenöl glasig anschwitzen.
Dann das andere blanchierte Gemüse dazugeben.
Mit Currypulver bestreuen, Couscous dazugeben und gut verrühren.
Zum Schluß die Tomatenwürfel sowie die gehackte Petersilie unterheben.

Rascassefilet
800 g Rascassefilet (Drachenkopf mit Haut, ohne Gräten)
4 EL Olivenöl
Saft von 1/2 Zitrone

Zubereitung
Das Drachenkopf-Filet in vier Portionen schneiden, mit etwas Zitronensaft säuern.
Mit Salz und Pfeffer würzen und in heißem Olivenöl von beiden Seiten kroß braten. Sofort servieren.

Lachsfilet mit Sauerkrautkruste in Rieslingsauce und Kapern

Zutaten
800 g Lachsfilet ohne Haut und Gräten
250 g gekochtes Sauerkraut
150 g Crème fraîche
Salz, Pfeffer
1 EL kleine Kapern

Rieslingsauce
1/4 l Fischfond
1/4 l Riesling
2 EL Crème double
2 EL geschlagene Sahne
2 EL Schalottenwürfel
Salz
Zucker

Uwe Seeler und Werner Veigel

Zubereitung
Das gekochte Weinsauerkraut in einem Tuch ausdrücken.
Die Crème fraîche dazugeben und gut verrühren. Es muß eine streichfähige Masse entstehen.
Mit etwas Pfeffer und Salz würzen.
Lachsfilet in vier Portionen schneiden und die Masse daraufstreichen.
Auf einem Blech im Ofen mit Oberhitze bei 200° ca. 15 Minuten garen.
Den Fischfond, Rieslingwein und Schalottenwürfel in einem Topf zum Kochen bringen. Zur Hälfte einkochen und durch ein Haarsieb gießen. Die Crème double dazugeben und nochmals aufkochen. Mit Salz und etwas Zucker abschmecken, die geschlagene Sahne unterrühren und mit dem Rührstab aufmixen. Das Lachsfilet auf vorgewärmten Tellern anrichten.
Die Rieslingsauce angießen und mit Kapern garnieren.

Als Beilage: Petersilienkartoffeln

Rotbarschfilet auf der Haut gebraten mit Linsencurry

Prof. Fritz Scherer und Max Lorenz

Zutaten
600 g Rotbarschfilet mit Haut
Saft von 1/2 Zitrone
3 EL Olivenöl
Salz und Pfeffer aus der Mühle

Linsencurry
400 g Linsen
jeweils 2 EL Möhrenwürfel, Selleriewürfel, Lauchwürfel, Schalottenwürfel, Paprikawürfel
2 EL grob geschnittene Korianderblätter
1 EL Currypulver
1 EL weißer Balsamicoessig
50 g Butter
2 EL Crème fraîche
1/2 l Hühnerbrühe
Salz, Zucker

Zubereitung
Die Linsen über Nacht in viel Wasser einweichen, damit sie gut aufquellen.
Die Butter in einem Topf erhitzen, zuerst die Schalottenwürfel hinzugeben und glasig anschwitzen, dann das andere Gemüse wie Möhren, Sellerie, Paprika und Lauch dazugeben.
Das Einweichwasser von den Linsen trennen. Die Linsen in den Topf geben, mit dem Currypulver bestreuen und alles nochmals anschwitzen.
Mit Salz und Zucker würzen, die Hühnerbrühe dazugeben und etwa 15 Minuten gar kochen lassen.
Zum Schluß die Crème fraîche hinzugeben, mit den Korianderblättern und dem Balsamico-Essig abschmecken.
Das Rotbarschfilet mit Zitronensaft säuern, mit Salz und Pfeffer würzen.
In einer heißen Pfanne in Olivenöl von beiden Seiten etwa 5 Minuten kroß braten.

Als Beilage: geröstete Kartoffeln

Die Klassiker

Salat vom Hummer in Ingwer-Vinaigrette

Zutaten
2 ganze Hummer à 600 g, gekocht
Gelber Frisée-Salat
Lollo Rosso
Rucola
Feldsalat
(insgesamt 200 g Salat)
8 Stangen weißer Spargel
12 Melonenkugeln

Ingwer-Vinaigrette
20 g geriebener frischer Ingwer
1 EL Sesamöl
1 EL Zitronensaft
2 EL Hühnerbrühe
1 EL fein geschnittene Schalotten
1 EL gehackte Korianderblätter
Zucker, Salz, Pfeffer aus der Mühle

Zubereitung
Das Hummerfleisch aus der Schale brechen und zur Seite stellen.
Den Salat putzen, gut waschen und abtropfen lassen.
Den Spargel etwa 10 Minuten in Salzwasser garen und in 3 cm lange Stücke schneiden.
In einer Schüssel alle Zutaten für die Ingwer-Vinaigrette verrühren und abschmecken.
Das Hummerfleisch in Butter ca. 2 Minuten leicht braten.
Den Salat mit der Vinaigrette marinieren und auf Tellern anrichten.
Den gebratenen Hummer dazugeben, mit dem Spargel und den Melonenkugeln garnieren.

Sülze von der Bouillabaisse

Zutaten für 8 Personen
800 g Fischgräten von der Seezunge
1/2 l Wasser
1/2 l Weißwein
1 Bund Suppengemüse
1 EL Tomatenmark
2 kleingeschnittene Tomaten
0,1 l Portwein
2 cl Pernod
Zitronensaft
1 gewürfelte Zwiebel
1/2 g Safran
Rosmarin
Thymian
3 gehackte Knoblauchzehen
16 Blatt weiße Gelatine
300 g gewürfeltes, gekochtes Gemüse wie Sellerie, Lauch, Wurzel

100 g Seeteufelfilet
100 g Seezungenfilet
100 g Lachsfilet
80 g Jakobsmuscheln
80 g Steinbuttfilet
160 g Gambas
100 g Hummerfleisch
1 EL Dillspitzen
1 EL gehackte Petersilie

Zubereitung
Aus Fischgräten, Zwiebel, kleingeschnittenem Suppengemüse, Wasser, Weißwein, Rosmarin, Thymian, Tomaten, Tomatenmark, Safran und Knoblauch eine klare Fischbrühe bereiten.
Den Fond durch ein Passiertuch gießen. Mit Salz, Pfeffer, Portwein, Pernod und Zitronensaft abschmecken. Die eingeweichte Gelatine dazugeben.

Die Fischfilets sowie Gambas, Hummer und Jakobsmuscheln in 2 cm große Würfel schneiden und in köchelndem Salzwasser etwa 5 Minuten auf den Punkt garen.
Mit fein gewürfeltem Gemüse, Dill und gehackter Petersilie bestreuen.
Nochmals mit Salz und Pfeffer aus der Mühle würzen und vorsichtig vermengen.
In eine Terrinenform oder in Kaffeetassen geben und mit dem Fischsud aufgießen.
Zum Erstarren einige Stunden in den Kühlschrank stellen.

Hamburger Aalsuppe

Zutaten für 10 Personen
2 kg Schinkenknochen vom Katenschinken
400 g Räucheraal
200 g Backpflaumen ohne Stein
250 g Backobst
1/8 l Weinessig
5 EL Johannisbeergelee
4 l Wasser
1 Stange Lauch
2 Wurzeln
100 g Sellerie
1 große Zwiebel
2 EL Salbei
2 EL Beifuß
2 EL Bohnenkraut
2 EL Majoran
2 EL Basilikum
1 EL Rosmarin
Salz, Pfeffer, Zucker

Einlage
300 g gekochte, in Rauten geschnittene Gemüse wie Sellerie, Wurzeln, Lauch
einige Backpflaumen
getrocknete Apfelspalten

Zubereitung
Den Räucheraal filieren, enthäuten, das Filet als Einlage beiseite stellen.
Die Schinkenknochen zerkleinern, in einen große Suppentopf geben und mit Wasser bedecken. Einmal aufkochen lassen und gut abschäumen. Die Aalhäute und Gräten zusammen mit dem Suppengemüse, Backobst, Backpflaumen, Johannisbeergelee und Essig in den Topf geben. Die Kräuter vermischen und obendrauf geben, *nicht* unterrühren. Das Ganze ca. 3 Stunden ganz langsam köcheln lassen. Die Brühe darf nicht sprudelnd kochen, da sie sonst trübe wird. Danach die Brühe vorsichtig durch ein Passiertuch gießen, entfetten und mit Salz, Pfeffer, Zucker und Essig abschmecken.

Als Einlage: Räucheraalfilet, Gemüserauten, Backpflaumen und Apfelspalten in die Suppe geben.

Potpourri von Matjesfilets

(Wir bevorzugen holländische Matjes, die ganzjährig lieferbar sind. Am zartesten und geschmackvollsten sind die jungfräulichen Heringe in der Zeit von Mai bis Ende Juli.)

Zutaten
10 Matjesfilets
1 Banane
1 Mango
1 TL Butter
1 Apfel
1 EL Crème fraîche
1 Zwiebel
1/4 l geschlagene Sahne
1 EL Mayonnaise
1 EL gewürfelte Ananas
1 Rote Bete
1/8 l flüssige Sahne
1 EL fein gewürfelte Schalotten
1 TL Currypulver
1 Schuß Genever, Gin
3 EL Tomatenpüree
Schnittlauch
Salz, Pfeffer, Zucker
Zitronensaft
Cayennepfeffer

Zubereitung
Matjestatar
Zwei Matjesfilets fein hacken und mit 1 EL fein geschnittenem Schnittlauch, 1 EL Schalottenwürfel, 1 Schuß Genever vermengen und mit frisch gemahlenem Pfeffer abschmecken.

Tomatenschaum
Das Tomatenpüree mit Pfeffer, Salz und Zucker abschmecken und mit einem Schuß Gin verfeinern.

Currysahne
Die Banane und Ananas im Mixer pürieren, mit Currypulver in Butter anschwitzen, erkalten lassen und mit etwas flüssiger und geschlagener Sahne aufschlagen.

Hausfrauensauce
Die Mayonnaise mit flüssiger Sahne und etwas geschlagener Sahne gut verrühren.
Mit Salz, Pfeffer und Zucker abschmecken und die fein geschnittenen Apfel und Zwiebel dazugeben.

Rote-Bete-Sahne
Die gekochte Rote Bete im Mixer pürieren, mit Crème fraîche und geschlagener Sahne verrühren.
Mit Salz und Pfeffer abschmecken.

Mangoschaum
Die Mango schälen und pürieren, mit geschlagener Sahne verrühren, mit Cayennepfeffer und Zitronensaft abschmecken.

Matjes-Potpourri
Die Matjesfilets in gleichmäßige Stücke zerteilen und zusammen mit dem Matjestatar auf Tellern anrichten. Je zwei zerteilte Matjesfilets mit den einzelnen Saucen überziehen.

Schellfisch mit Gemüsestreifen in Senfsauce

Zutaten
1,5 kg Schellfisch
1/2 l Milch
3 l Wasser
1 Zwiebel mit 2 Nelken gespickt
2 Lorbeerblätter
1 TL Pfefferkörner
100 g blanchierte Gemüsestreifen (Lauch, Sellerie, Wurzeln)
2 EL Crème fraîche
2 EL geschlagene Sahne
50 g Butter
4 EL scharfer Löwensenf
Salz, Pfeffer, Zucker, Zitronensaft

Zubereitung
Den Fond aus Milch, Wasser, Zwiebel, Lorbeer, Salz und zerdrückten Pfefferkörnern zum Kochen bringen.
Den Schellfisch im Fond ca. 20 Minuten garziehen lassen.
Für die Senfsauce 3/4 l Fischfond abnehmen, auf die Hälfte einkochen lassen.
Die Crème fraîche und den Senf dazugeben. Einmal aufkochen, die kalte Butter und die geschlagene Sahne unterziehen. Mit Salz, Pfeffer aus der Mühle, etwas Zucker und Zitronensaft abschmecken.
Die blanchierten Gemüsestreifen in etwas Butter erhitzen.
Auf vorgewärmte Teller zuerst den gut abgetropften Schellfisch geben. Mit den Gemüsestreifen dekorieren. Die Senfsauce extra servieren.

Als Beilage: Petersilienkartoffeln

Nordsee-Steinbutt gekocht

Mit Pommerysenfsauce

Zutaten
4 St. Steinbutt (Mittelstück vom Steinbuttrücken) à 400 g
1 Zwiebel
1 Stange Lauch
1TL zerdrückte Pfefferkörner
2 l Wasser
40 g Salz

Zubereitung
2 l Wasser in einen Topf geben. Mit Salz, Zwiebel, Lauch und den zerdrückten Pfefferkörnern einen Sud kochen.
Den Steinbutt in diesem Sud 20 bis 25 Minuten auf kleiner Flamme sieden, *nicht kochen* lassen.

Senfsauce
3/4 l Fischfond
2 EL Crème fraîche
80 g kalte Butter
120 g Pommerysenf
2 EL geschlagene Sahne
1/2 Zitrone
Zucker, Salz und Pfeffer aus der Mühle

Zubereitung
Den Fischfond auf die Hälfte einkochen, Crème fraîche dazugeben und mit der kalten Butter im Mixer montieren. Nochmals erhitzen, aber nicht kochen lassen. Den Senf dazugeben und mit der geschlagenen Sahne gut verrühren.
Zum Schluß mit Salz, Pfeffer, etwas Zucker und einem Schuß Zitronensaft abschmecken.

Als Beilage: gekochte Heidekartoffeln

Mit zerlassener Butter und Rahmmeerrettich

Zutaten
1600 g Steinbutt (Mittelstück)
1 Zwiebel
1 Zitrone
1 Stange Lauch
1 TL Pfefferkörner
2 EL geriebener Meerrettich
6 EL geschlagene Sahne
4 l Wasser
1 Prise Zucker, Salz

Zubereitung
Den Steinbutt in 4 Stücke à 400 g schneiden. 4 l Wasser in einen großen Topf geben. Mit Salz, Zwiebel, Lauch und den zerdrückten Pfefferkörnern einen Sud kochen.
Den Steinbutt in diesem Sud 20 bis 25 Minuten auf kleiner Flamme sieden, nicht kochen.

Rahmmeerrettich
Die geschlagene Sahne mit dem geriebenen Meerrettich vermengen. Mit Zitronensaft, Salz und einer Prise Zucker abschmecken.
Den Steinbutt auf einer Platte anrichten. Mit Petersiliensträußchen garnieren und mit zerlassener Butter, Rahmmeerrettich, gehackter Petersilie und Butterkartoffeln servieren.

Scampi auf spanische Art

Zutaten
12 große Scampi (8/12er)
3 EL Olivenöl
1 EL Zucchinirauten
1 EL grüne Oliven ohne Stein
1 EL schwarze Oliven ohne Stein
3 gr. zerdrückte Knoblauchzehen
1 EL Tomatenpüree
1 cl trockener Wermuth
1 TL Estragon
1 TL Dill
1 EL Pinienkerne
1 EL rote und grüne Paprikarauten
3 EL Muskatellerwein
2 Schalotten
Paprikapulver, scharf
Salz, Pfeffer

Zubereitung
Die Scampi werden bis zur Schwanzflosse von den Schalen befreit, der Darm wird vorsichtig gezogen.
Die feingeschnittenen Schalottenwürfel werden zusammen mit den zerdrückten Knoblauchzehen in der Pfanne in Olivenöl glasig angeschwitzt. Die in Scheiben geschnittenen Oliven sowie die Paprika, Zucchini und Pinienkerne dazugeben. Mit Salz, Pfeffer, etwas Paprikapulver würzen und mit dem Muskatellerwein auffüllen. Einige Minuten kochen, die Zutaten müssen auf den Punkt gegart sein. Anschließend mit dem Tomatenpüree binden und mit Wermuth, etwas Zitronensaft und den feingeschnittenen Kräutern vollenden.
Die Scampi mit Salz, Pfeffer, Knoblauch würzen und in Olivenöl braten.
Portionsweise Scampi und Gemüsesauce auf Tellern anrichten und mit ofenfrischem Baguette servieren.

Hamburger Pfannfisch

Zutaten
500 g gekochte Kartoffeln
800 g Fischfilets (Goldbarsch, Heilbutt oder Steinbutt)
400 g Zwiebeln
100 g fetten, geräucherten Speck
1/2 l Wasser
1/2 l Weißwein
1 Sellerie
1 Stange Lauch
einige Pfefferkörner, Lorbeerblatt, Nelke
Salz, Piment
150 g Senf
3 Eigelbe
1/8 l Sahne
125 g Butter
1 Prise Zucker
1/2 Zitrone
Petersilie

Zubereitung
Die gekochten Kartoffeln und die Zwiebeln in Scheiben schneiden, in dem ausgelassenen Speck goldbraun braten.
Sellerie und Lauch kleinschneiden, mit den Pfefferkörnern, Nelke, Lorbeerblatt, Piment, Wasser und Wein einen Sud kochen. Darin die Fischstücke etwa 5 Minuten garziehen lassen.
Auf den Bratkartoffeln anrichten, mit Senfsauce überziehen und mit gehackter Petersilie bestreuen.

Senfsauce
Die Hälfte des Fischsuds durch ein Haarsieb gießen und etwas einkochen.
Den Senf einrühren, mit Sahne binden. Die kalten Butterflocken einarbeiten. Mit Pfeffer, Salz und einer Prise Zucker sowie Zitronensaft abschmecken.

Scholle „Nach Art der Finkenwerder Fischer“

Zutaten
4 Schollen ohne Kopf
Saft von 1 Zitrone
200 g gewürfelter fetter Speck
1 ganze Zitrone, Salz
150 g Mehl
1/8 l Öl

Zubereitung
Die Schollen putzen, waschen und mit Zitronensaft marinieren, salzen und in Mehl wenden. Gut abklopfen.
Den gewürfelten Speck in einer großen Stielpfanne ausbraten. Speckwürfel herausnehmen, das Öl dazugeben und die Schollen von beiden Seiten kroßbraten. Die Speckwürfel dazugeben und die Schollen ständig begießen.
Schollen auf Tellern anrichten, mit Speckwürfeln, 1 Scheibe Zitrone garnieren und mit gehackter Petersilie bestreuen.
Beilage: Kartoffelsalat

Tip: Es muß darauf geachtet werden, daß die weiße Seite zuerst gebraten wird, da die Scholle beim Braten nur einmal gewendet werden soll.

Labskaus „Seemanns Art“

Zutaten
800 g Pökelfleisch vom Rind
3 l Wasser
1 gespickte Zwiebel mit Lorbeerblatt und Nelke
800 g geschälte Kartoffeln
2 Gewürzgurken
2 große Zwiebeln
150 g Rote Bete
1 EL fein zerdrückte Pfefferkörner
4 Matjesfilets
8 Eier
100 g Butter
Salz, Pfeffer

Zubereitung
Das Pökelfleisch in einem großen Topf mit 3 l Wasser und der gespickten Zwiebel weichkochen.
Die Kartoffeln kochen.
Die Gewürzgurken schälen, entkernen, zusammen mit den Zwiebeln und 75 g Rote Bete in feine Würfel schneiden und in Butter anschwitzen.
Das Pökelfleisch fein würfeln oder durch die grobe Scheibe des Wolfes drehen und zu den angeschwitzten Zutaten geben.
Mit 1/2 l Pökelfond auffüllen, mit weißem Pfeffer und Salz abschmecken und durchkochen. Die Kartoffeln durch die Kartoffelpresse geben und zusammen mit den übrigen Zutaten nochmals kochen.
Auf heißen Tellern anrichten und mit je 2 Spiegeleiern garnieren.
Als Beilage: Matjesfilets und eingelegte Rote Bete

Gebratene grüne Ostseeheringe mit Zwiebel-Tomaten-Butter

Zutaten
12 grüne Heringe ohne Kopf
100 g Butter
100 g Butterschmalz
4 Tomaten
1 große Zwiebel
250 g Mehl
Salz und Pfeffer

Zubereitung
Die geputzten und gewaschenen Heringe gut abtrocknen, mit Salz und Pfeffer würzen, in Mehl wenden und in der Pfanne in Butterschmalz braten.
Die Tomaten schälen, entkernen, zusammen mit der großen Zwiebel in kleine Würfel schneiden.
Die Heringe aus der Pfanne nehmen, das verbrauchte Butterschmalz herausgießen.
Die Butter in die Pfanne geben und zusammen mit den Zwiebeln und Tomatenwürfeln anbraten.
Die Heringe wieder in die Pfanne geben und im Ofen nochmals schön kroß werden lassen.
Sofort servieren.

Beilage: Dillkartoffeln

Holsteiner Aal grün in Dillrahm

Zutaten
1200 g abgezogene frische Aale
3 Sträußchen Dill
80 g Butter
2 EL Crème fraîche
2 EL geschlagene Sahne
1 Wurzel
1 Stange Lauch
1 Sellerie
1 große Zwiebel
Lorbeer, Nelke
1 TL zerdrückte Pfefferkörner,
2 l Wasser
1 Zitrone
Salz

Zubereitung
Die geputzten, gewaschenen Aale in 5 cm lange Stücke schneiden. Aus 3 l Wasser, einer mit Lorbeer und Nelke gespickten Zwiebel, Wurzel, Sellerie, Lauch, zerdrückten Pfefferkörnern und Salz einen Sud bereiten. In diesem Sud die Aalstücke 20 Minuten auf kleiner Flamme garziehen lassen.
1/2 l Fischsud abnehmen, durch ein Haarsieb gießen und einkochen. Die Crème fraîche, geschlagene Sahne dazugeben, einmal aufkochen, mit kalten Butterflocken binden und mit Zitronensaft, Salz und Pfeffer abschmecken. Zum Schluß die feingeschnittenen Dillspitzen dazugeben.
Die Aalstücke in einer feuerfesten Form anrichten und mit der Dillsauce übergießen.
Mit Gemüsestreifen garnieren und mit Butterkartoffeln und Gurkensalat servieren.

Seezungenröllchen in Weißwein

Zutaten
12 Seezungenfilets
1/2 l Fischbrühe
1/8 l weißer Burgunderwein
100 g Butter
2 EL Crème fraîche
2 EL geschlagene Sahne
2 Schalotten
1 Zitrone
Salz, weißer Pfeffer

Zubereitung
Die Seezungenfilets leicht plattieren und mit der Außenseite nach innen einrollen.
Die feingeschnittenen Schalottenwürfel in etwas Butter im flachen Topf anschwitzen und die Seezungenröllchen einordnen. Mit Fischbrühe und Weißwein auffüllen, mit Salz und Pfeffer würzen und 10 bis 15 Minuten langsam ziehen lassen.
1/2 l Fond abnehmen und durch ein Haarsieb gießen, nochmals auf die Hälfte einkochen, die Crème fraîche dazugeben und mit kalter Butter und der geschlagenen Sahne binden. Mit Zitronensaft, Salz und Pfeffer abschmecken.
Die Seezungenröllchen in einer feuerfesten Form anrichten und mit der Sauce übergießen.
Als Beilage empfehlen wir Risotto.

Tip: Die eingeordneten Seezungenröllchen mit Butterpapier und mit einem Deckel bedecken. So können sie gleichmäßiger garen.

Nachspeisen

Hamburger Brotpudding mit Malzbier-Sorbet und Altländer Apfelsabayon

Zutaten
300 g altbackenes Weißbrot ohne Rinde
1/4 l Milch
2 cl Rum
2 EL Rosinen
2 EL Zucker
2 EL gehobelte Mandeln
Mark von 1 Vanilleschote
2 EL Crème fraîche
3 El flüssige Sahne
2 Eier
Apfelspalten
Minzblatt

Zubereitung
Das Weißbrot in kleine Würfel schneiden und in der gesüßten Milch mit Rum, Rosinen und Vanillemark einweichen.
Die Eier mit Crème fraîche und flüssiger Sahne verrühren.
Zu der Brotmasse die Mandeln geben und mit den angerührten Eiern vermischen. Jetzt die Masse in gebutterte Tassen oder Soufflé-Förmchen füllen und im Backofen im Wasserbad bei ca. 90° 45 Minuten stocken lassen.

Apfelsabayon
1/8 l Apfelsaft
4 cl Altländer Apfelbrand
1 großer geschälter, entkernter Apfel
3 Eigelbe
3 EL Zucker

Zubereitung
Den geschälten Apfel in kleine Würfel schneiden, mit dem Apfelsaft und 1 EL Zucker einkochen, durch ein Haarsieb geben. Die Eigelbe mit 2 EL Zucker zusammen mit dem passierten Apfelfond und Apfelbrand in einem Topf im Wasserbad bei 90° zu einem Sabayon schaumig aufschlagen.

Malzbier-Sorbet
1/2 l Malzbier
1/4 l Leuterzucker (Zucker und Wasser wird 1 zu 1 gekocht)

Zubereitung
Das Malzbier mit dem Leuterzucker vermischen und in der Eismaschine ein Sorbet frieren.

Den Brotpudding aus den Förmchen nehmen und auf einen Teller oder ein Blech setzen.
Mit Puderzucker bestreuen und im Ofen nur mit Oberhitze überbacken. Auf Tellern zuerst den Pudding anrichten und mit dem Apfelsabayon überziehen.
Das Malzbier-Sorbet dazugeben und mit Apfelspalten und Minzblatt gernieren.

Crème Brulée

Zutaten
400 ml Crème double, 48% Fett
150 ml flüssige Sahne, 30 % Fett
60 g Zucker
8 Eigelbe
1 Vanilleschote
250 g frische Himbeeren
100 g brauner Zucker

Zubereitung
Crème double und Sahne mit der geöffneten Vanilleschote in einen Topf geben und zum Kochen bringen.

Mit dem Schneebesen Eigelbe und Zucker leicht schaumig schlagen. Dann etwas von der heißen Sahne unterziehen.
Die Masse in den Topf zurück gießen und alles unter ständigem Rühren aufkochen lassen.
Durch ein Haarsieb gießen. Die Creme etwas erkalten lassen, die Himbeeren in Dessertschalen geben und mit der Creme auffüllen.
Im Kühlschrank 2 bis 3 Stunden kaltstellen.
Die Dessertschalen aus dem Kühlschrank nehmen, mit einer großzügigen Schicht braunem Zucker bestreuen und unter dem vorgeheizten Grill (Oberhitze) glasieren, ohne die Creme dabei zu erhitzen.
Zuletzt die Glasur mit einem Bunsenbrenner erhitzen, so daß sie glatt und schön glänzend wird.
Nochmals in den Kühlschrank stellen, bis die Glasur die gewünschte Festigkeit hat.

Birnengratin mit Lakritz-Eis

Zutaten
für die Birnen
4 Birnen
750 ml Rotwein
200 g Zucker
1 Zimtstange
Schale und Saft von einer unbehandelten Orange und einer Zitrone

Zubereitung
Den Wein zum Kochen bringen, die Zimtstange, Orangen- und Zitronenschale und Saft dazugeben.
Die Birnen schälen, halbieren, entkernen und mit dem Zucker in den Wein geben.
10 bis 12 Minuten pochieren, die Birnen in der Flüssigkeit abkühlen lassen.

Gratinmasse
50 g Puderzucker
3 Eigelbe
250 ml Sahne
20 g Lakritz
(Süßholzwurzelpulver oder Extrakt aus der Apotheke)

Zubereitung
Die Eigelbe zusammen mit dem Puderzucker und Süßholzextrakt schaumig aufschlagen und die steif geschlagene Sahne unterheben.

Lakritz-Eiscreme
250 ml Milch
3 Eigelbe
80 g Zucker
20 g Lakritz-Süßholzpulver

Zubereitung
Die Milch zum Kochen bringen. In einem Topf die Eigelbe, Zucker, Süßholzpulver schaumig aufschlagen und in die heiße Milch gießen.
Unter ständigem Rühren erneut erhitzen, jedoch nicht kochen lassen. Diese Masse durch ein Haarsieb streichen, erkalten lassen und in der Eismaschine ca. 15 Minuten frieren lassen.

Die eingelegten Birnen in Scheiben schneiden und diese dekorativ auf einem Teller anrichten. Die Birnen mit der Gratinmasse überziehen und einige Minuten im Ofen bei Oberhitze gratinieren.
Kurz vor dem Servieren eine Kugel Eiscreme auf den Teller geben.

Hamburger Rote Grütze mit Vanillesauce

Zutaten
Grützefond
100 g Himbeeren
100 g Sauerkirschen
100 g Erdbeeren
100 g schwarze Johannisbeeren (Wenn die Beerensaison vorbei ist, können auch TK-Früchte verwendet werden.)
1/2 l Wasser
1/2 l Rotwein
150 g Zucker
1 Zimtstange
Saft und Schale einer unbehandelten Orange
4 cl Rum
40 g Mondamin

Zubereitung
Alle Früchte in einen großen Topf geben und zusammen mit Zucker, Orangenschale und Saft, Zimt, Rotwein und Rum ca. 1 Stunde langsam kochen lassen. Durch ein Haarsieb passieren und etwas einkochen. Das Mondamin mit etwas Rotwein oder Wasser verrühren und den Grützefond damit binden.

Einlage für Grützefond
50 g frische, kleine Erdbeeren
50 g frische Himbeeren
50 g frische Blaubeeren
50 g frische Brombeeren
50 g frische entkernte Süßkirschen (alle Früchte geputzt und gewaschen)

Zubereitung
Den gebundenen Grützefond erkalten lassen. Die Beeren in eine Schüssel geben und mit dem erkalteten Grützefond vermischen.

Vanillesauce
3 Eigelbe
50 g Zucker
1 Vanillestange
1/4 l Milch
2 EL flüssige Sahne

Zubereitung
Eigelbe mit Zucker im Wasserbad aufschlagen.
Milch mit einer aufgeschnittenen, ausgeschälten Vanillestange aufkochen und nach und nach unter Rühren in die Eigelbmasse geben. Durch ein Haarsieb gießen und unter ständigem Rühren dicklich werden lassen, nicht kochen! Kaltstellen und mit der flüssigen Sahne verfeinern.

Gebackenes Vanilleeis auf marinierten Beerenfrüchten

Zutaten
Vanilleeis
1 Ei
3 Eigelbe
60 g Zucker
1/4 l flüssiger Sahne
1 ausgeschabte Vanillestange

Zubereitung
Die Eier und die Eigelbe mit der Hälfte des Zuckers sehr schaumig schlagen.
Inzwischen die Sahne mit dem restlichen Zucker und Vanillemark aufkochen.
Die aufgekochte Sahne auf die schaumig geschlagenen Eier geben, gut verrühren und auf Eis kalt schlagen. Dann im Gefrierschrank frieren. Mit dem Eisportionierer Kugeln formen und im Tiefkühlfach ein bis zwei Stunden frieren lassen.

Marzipanteig
80 g Marzipan
40 g Puderzucker

Zubereitung
Die beiden Zutaten gut miteinander verkneten, ausrollen und um die gefrorenen Eiskugeln wickeln. Wieder kurz frieren lassen.

Backteig
1/4 l Milch
180 g gesiebtes Weizenmehl Typ 405
2 Eigelbe
2 Eiklar
2 EL Vanillezucker
1 Prise Salz
1 Messerspitze Backpulver

Zubereitung
Das Mehl und die Milch zusammen mit den Eigelben, Vanillezucker, Salz und Backpulver gut verrühren. 1/2 Stunde ruhen lassen.
Die Eiklar schaumig schlagen und unter den Teig heben.

Beerenfrüchte
400 g frische Beeren wie Himbeeren, Brombeeren, kleine Erdbeeren, Blaubeeren
3 EL Erdbeerpüree (Mark)
2 cl Himbeergeist
Öl zum Ausbacken (Fettbad)
Minzeblätter

Zubereitung
Die Beerenfrüchte putzen, waschen und abtropfen lassen.
Mit dem Erdbeermark und Himbeergeist marinieren.
Die mit dem Marzipanmantel umwickelten Eiskugeln in Backteig wenden und in heißem Fettbad bei 180° ca. 2 Minuten knusprig goldbraun ausbacken. Die marinierten Beeren auf Tellern anrichten und das gebackene Eis darauf setzen, mit Puderzucker bestreuen und mit Minzblatt garnieren.

Bar und Cocktails

V.I.P. Cocktail

5 cl Wodka oder Gin
1 cl Noilly Pratt
1 Meeresalge
Zitronenschale

Die Zutaten zusammen im Rührglas mit Eis verrühren und in das Cocktailglas seihen. Meeresalge ins Glas geben. Mit Zitronenschale abspritzen, d. h. ein Stück Zitronenschale über dem Glas zusammenpressen.

Caipirinha

1 Limette, geviertelt
2-3 TL brauner Zucker
5 cl Nêga Fulô (Cachaça)

Die Limette in das Glas geben und mit einem Stößel zerdrücken. Den braunen Zucker und den Nêga Fulô dazugeben, mit crushed ice auffüllen und alles verrühren.

Americano

4 cl Campari
2 cl Vermouth rosso
Mineralwasser
1/2 Orangenscheibe
1/2 Zitronenscheibe
2 Cocktailkirschen

Campari und Vermouth zusammen im Glas mit Eiswürfeln verrühren. Die Orangen- und Zitronenscheiben und die Cocktailkirschen ins Glas geben und den Drink mit Mineralwasser auffüllen.

Oyster Special
Champagner Cocktail

1,5 cl Southern Comfort
1,5 cl Four Roses
1 cl Red Orange
2 Dash Orangenbitter
2 cl Orangensaft
Champagner zum Auffüllen
1 Physalis

Alle Zutaten außer Champagner im Blender (Mixer) mit Eis kurz mixen und in die Champagnerschale seihen. Mit Champagner auffüllen. Die Physalis an den Glasrand stecken.

V.I.P. Cocktail Caipirinha Americano Oyster Special

Barchef Richard Chaniewski,
von allen Richy genannt

White Satin

1 Dash Eiweiß
3 cl Wodka
2 cl Peachtree
2 cl Zitronensaft
Minzezweig

Alle Zutaten zusammen im Shaker mit Eis schütteln und in das Cocktailglas seihen. Den Minzezweig an den Glasrand stecken.

Jacke Rose

4 cl Calvados
1 cl Grenadinesirup
2 cl Zitronensaft
1 Babyapfel

Die Zutaten zusammen im Shaker mit Eis schütteln und ins Glas geben. Den Babyapfel an den Glasrand stecken.

Oyster Shooters

3 cl Tomatensaft
3 cl Garsud von Jakobsmuscheln
1 rohe Auster
Pfeffer
Selleriesalz
Tabasco

Tomatensaft und Garsud im Rührglas mit Eis verrühren und in das Cocktailglas seihen. Die Auster dazugeben und mit Pfeffer, Selleriesalz und Tabasco würzen.

La Mer

3 cl Wodka
2 cl Blue Curaçao
Champagner
Minzezweig
Cocktaikirschen
Spirale aus Orangenschale

Wodka und Blue Curaçao im Rührglas mit Eis verrühren und in Champagnerschale seihen. Mit Champagner auffüllen. Minzezweig und Cocktailkirsche an den Glasrand stecken. Die Orangenschale in das Glas hängen.

Poseidon Cocktail
(wird von Richy gerade aufgefüllt)

1,5 cl Cognac
1,5 Peachtree
2 cl Orangensaft
Champagner zum Auffüllen
1 Physalis
1 Scheibe Carambole

Alle Zutaten außer Champagner im Shaker mit Eis schütteln und ins Glas geben. Mit Champagner auffüllen. Physalis und Carambole an den Rand stecken.

White Satin **Jacke Rose** **Oyster Shooters** **La Mer**

50 Jahre Fischereihafen Restaurant

Wir müssen gut sein. Jeden Tag wieder.

Bei Stromkilometer 626 steht am Hamburger Elbufer kein Meilenstein, dort steht das Fischereihafen Restaurant. Anno 2001 ist es ein halbes Jahrhundert alt und eine Institution mitten im gewerblichen Fischmarkt. Erst Anfang der 1950er Jahre hatte die Freie und Hansestadt den traditionellen Fischhandel vom Elbufer St. Paulis nach Westen verlagert und am kriegszerstörten Ufer ganz neue so genannte Fischanlandungs- und Vermarktungshallen gebaut. Weitsichtige Planer befanden es für wünschenswert, daß inmitten der Auktions-, Kühl- und Weiterverarbeitungshallen eine Gaststätte zu liegen habe. Beiderseits der Stichstraße, die die lange Hallenreihe zum Kai hin unterbricht, entstand in einem Rotklinkerbau eine Restauration mit außenliegendem Treppenaufgang.

Die Anfänge

Die Gastronomie bekam unten hinter fünf Stufen eine zünftige Bierstube (die spätere „Kapitänsstube") für morgens um sechs Uhr frühstückende Kutterfischer, Händler, Arbeiter und Angestellte umliegender Büros. Oben im ersten Stock, noch einmal 23 Stufen höher, entstand ein Restaurant für Chefs, deren Gäste, Banker, Schiffseigner und Hamburger Familien. Mit letzteren rechnete der erste Pächter, Hermann Sellmer, am stärksten, auch wenn seine Küche per Essensaufzug beide Gästegruppen mit gleichem Essen zu unterschiedlichen Preisen bediente. Als Sellmer 1951 sein „Fischereihafen-Restaurant Sellmer" eröffnete, war die Lebensmittelrationierung gerade seit einem halben Jahr aufgehoben. Fisch gab es zuvor nur „auf Marken", Seefisch war Mangelware und Angeln nur ein Notbehelf. Ein Fischrestaurant im Fischereihafen hatte damit alle Chancen, dem Nachholappetit frischeste Ware anzubieten. Kürzer konnten die Wege direkt zum Finkenwerder Ewer am Kai oder in die Händlerhallen gar nicht sein.
Anfang 1951 waren auch alle Schiffbaubeschränkungen ungültig geworden. Von den maßvoll demontierten Werften am anderen Elbufer dröhnten wieder die Niethämmer herüber. Die ersten Gäste des Fischereihafen Restaurants sahen von ihren Logenplätzen aus mit patriotischer Rührung, daß westdeutsche Schiffe vom 23. Februar 1951 an wieder die schwarz-rot-goldene Flagge führen durften.
Vor den Fenstern im ersten Stock legten auch die ersten moderneren Fangschiffe mit Tiefkühlvorrichtungen an und löschten ihre fangvollen Eiskisten über Bretterrutschen direkt in die Hallen am Kai, Fischauktion war um zwei Uhr morgens. Etliche malerische Ewer und Kutter verholten sonntags weiter stadteinwärts zum traditionellen Fischmarkt und verkauften ihre frischen Nordseefänge direkt wie eh und je über die Reling an Passanten – patent eingeschlagen und fest verwickelt in Zeitungspapier.
Schon 1946 hatte sich der geborene Altonaer Gerd Bucerius gewundert, warum seine neue

Unweit des Fischereihafen Restaurants liegt der weltberühmte St. Pauli Fischmarkt. Früher wurde hier der Fisch frisch und preiswert direkt von Bord verkauft.

achtseitige „Zeit“ so gut lief. Ernüchtert mußte er feststellen, daß wegen der Papierknappheit in den Jahren 1946 und 1947 ein erheblicher Teil der Auflage von den Fischweibern aufgekauft wurde.
Wegen der heftigen Kriegszerstörungen wurde der „Fischmarkt“ auch auf Innenstadtplätzen abgehalten, bis mit Hilfe einer Trümmerbahn das Altonaer Ufer aufgeräumt und Krater zugeschüttet waren. Aus dem alten Leitdamm, der den langgestreckten Fischereihafen als „Vorsetzen“ zum Strom absicherte, wurde in der Osthälfte ein breiter Ausrüstungskai. Noch verkehrte ja eine dampfbetriebene Hafenbahn am Ufer, die ohne nennenswerte Lkw-Konkurrenz Kühlfisch weitertransportierte und im Volksmund „Schellfischbahn“ hieß. Den Elbhang über- und unterwand sie bis 1956 zum Altonaer Bahnhof durch einen alten Tunnel, der inoffizieller Bunker in den Bombennächten war.
Frischer Seefisch, der nur nach Meer und Tang, aber nie nach Fisch riechen darf, war damals eine eher seltene Erfahrung im Binnenland der erst 1949 gegründeten Bundesrepublik. Fisch, der allzu deutlich nach Fisch schmeckte, hatte deshalb Generationen von Genießer oft schon von klein auf ablehnend und als Erwachsene nur skeptisch gemacht.
Um so unaufhaltsamer verbreitete sich die Kunde im Wirtschaftswunder-Deutschland, daß es in Hamburg einen bedeutenden Frischfisch-Markt und etliche Fischrestaurants gab. Und daß es mittendrin in einem wahrhaftigen Fischereihafen mit traditionsreichen fischverarbeitenden Betrieben, Aalräuchereien, Lager- und Kühlhäusern, Speichern, Fabriken und Böttgereien ein Fischereihafen Restaurant gäbe, in dem allerfrischeste Meeresgenüsse von seltener Qualität zubereitet würden. Die originelle Lage des Unikums tat ein übriges und lockte das meist bürgerliche Publikum in den ersten Stock.
Die Nähe zu St. Pauli und die wenigen Laternen auf der Großen Elbstraße hatten gleich nach der Beseitigung der Kriegsschäden einen inoffiziellen Straßenstrich entstehen lassen, der reizvolle „Bordsteinschwalben“ in die Scheinwerferkegel geraten ließ. Das Restaurant mit der guten Fisch-, aber auch klassischen Fleischkarte reüssierte wunschgemäß und erkochte sich bald einen

Von der Altonaer Fischhalle zur Räucherei: Die auf der Auktion ersteigerten Fische werden auf die Transportkarren der Räucherei gezogen.
Der Altonaer Fischmarkt in den 50er Jahren des letzten Jahrhunderts.

ausgezeichneten Ruf, der dem früheren Pächternamen „Sellmer“ auch noch anhing, als die Erben ihn an Nachfolger verkauften. Das Fischereihafen Restaurant war für die honorigen Generatio-

Links: Die alte Fischauktionshalle mit dem sonntäglichen Fischmarkt in den 60er Jahren des 20. Jahrhunderts
Rechts: Die Fassade des Fischereihafen Restaurant, Oktober 1951

nen der Adenauer-Ära zu einem Inbegriff geworden, weniger unter dem offiziellen Namen als vielmehr unter dem Namen des Erstbesitzers „Sellmer“. Als auch dieser nicht mehr Patron war, begann der Glanz zu verlöschen.
Im Jahr 1980 stand der Pachtvertrag für das Fischereihafen Restaurant zur Verlängerung an. Rüdiger Kowalke, Koch und Hotel-Geschäftsführer mit Unternehmergeist im nahen Kaltenkirchen, hörte davon und fuhr kurzentschlossen an die Elbe: „Die Aufgabe reizte mich. Es mußte doch möglich sein, mit einem modernen Konzept an die Tradition dieses 1951 von Hermann Sellmer gegründeten Hauses anzuknüpfen.“

Eine neue Ära beginnt

Und wie nebenbei formulierte Rüdiger Kowalke als damaliger Gastronom vom „Kaltenkirchener Hof“ sein Erfolgsrezept für all die kommenden Jahre: „Wer an die Elbe fährt, will doch Fisch essen!“ Lage und Gästeerwartung inspirierten den geborenen Lübecker. Unter mehr als 100 Bewerbern war Rüdiger Kowalke mit seinen 34 Jahren und hinreichenden gastronomischen Erfahrungen derjenige mit dem schlüssigsten Konzept zur Wiederbelebung der Gastronomie in dem hafentypischen Backstein-Zweckbau von 1950. Sein gastronomischer Background trug zum Erfolg ebenso bei wie die Tatsache, daß sowohl er als auch sein designierter Küchenchef Wolf-Dieter Klunker erfolgreich im „Kaltenkirchener Hof“ gewirkt und überdies beide Jahre zuvor gemeinsam im Hamburger Flughafenrestaurant gearbeitet hatten. Sie kannten also längst die Hamburger und ihre Mentalität. Im November 1980 bekam der Lübecker aus Kaltenkirchen dann den Vertrag ab 1981 – für eine Chance von zunächst zehn Jahren.
Ein kostspieliger Umbau begann. Das Lokal wurde auf hanseatische Gediegenheit getrimmt und in Rekordzeit renoviert: Oben, 28 Stufen hoch, eher dunkle Salon-Eleganz mit maritimen Anklängen, unten, nur fünf Stufen über Straßenniveau, die althergebrachte „Kapitänsstube“. Hier unten in der zünftigen Bierstube für den Mittagstisch der umliegenden Büros und Betriebe der fischverarbeitenden Industrie und für die

Mittagspause solider hanseatischer Kleinreeder betrieb Kowalke Traditionspflege an der Basis. Unten in der „Kapitänsstube" begrüßte er seine ersten Stammgäste, die an schlichten Holztischen auf ebenso schlichten Holzstühlen unter ein paar Schiffsgemälden ausgesprochen gut und doch preiswert essen wollten. Bestellungen kamen mit dem Speiseaufzug aus der Küche des Fischereihafen Restaurants. Damals waren Geschäftsleute zu beobachten, die alleine immer unten aßen, mit Gästen aber wie selbstverständlich die vielen Stufen zum Restaurant hinaufstiegen.
So mancher Gast fand diese zünftige „Kapitänsstube" schick, weil deren Schlichtheit „irgendwie" zum Straßenstrich draußen paßte. Nicht selten wurde deshalb „unten" gefeiert. Hatte „Bild" per Leseraktion eine TV-Assistentin bei Max Schautzer gekürt, wurde nach der Sendung mit dem gesamten TV-Team kapitänszünftig angestoßen.

Die Meile mausert sich

Noch während der Umbauphase gab es ein paar gute Nachrichten, die Kowalke, ganz hinten an der Großen Elbstraße 143, auf eine verläßliche Zukunft hoffen ließen. „Vorne" eröffnete „Schaumstoff Lübke" seinen attraktiven „Speicher", der schnell als alternativer wie verrückter Deko-Laden die Hamburger anzog, und das Verlagshaus Gruner+Jahr plante damals noch, ganz in der Nähe (zwischen Davidstreppe und „Fischerhaus") ein 400 Meter langes Verlagsgebäude an die Elbe zu setzen (Ende der Achtziger Jahre kam dann die Baumwall-Lösung). Selbst Sat-1 wollte am Holzhafen bauen. Hamburg begann, seine Elbe wiederzuentdecken und Stadt am und „Stadt im Fluß" zu werden. Verhaltene Euphorie war also angebracht: Wo Journalisten Gäste werden, ziehen Prominente und Hamburger schnell nach.
Kowalke brachte ein kleines Team an die Elbe mit. Mit Wolf-Dieter Klunker wußte er fortan einen verläßlichen Freund in der Küche. Der wiederum fand dort eine vom Vor- und Vorvorgänger übernommene Köchin vor, die sich auf Plattfisch spezialisiert hatte. Gertrud Hindenberg ging als Legende in die Geschichte des Fischereihafen Restaurants ein, weil sie seit Gründung 1951 dabei war und bis zu ihrem Tod Anfang der neunziger Jahre weit über eine Million Schollen gebraten haben soll.
Den Newcomern halfen auch Kollegen. Von der Warteliste im „Landhaus Scherrer" bekamen Kowalke und Klunker vielversprechende Nachwuchsköche. Die wichtigste Entscheidung war damals, fortan nur noch das Delikateste aus dem Meer zu servieren. Steaks und Geflügel, von den Vorgängern angeboten, verschwanden von der Karte. Nur ein paar

Filetsteaks warten auf Fischeiweiß-Allergiker, die sich in einer Runde von Fischgenießern einfinden könnten. Traditionspflege allein und eine reine Fischkarte wäre jedoch zu wenig gewesen, auf fischige Hausmannskost und großbürgerliche Küche verstanden sich auch andere am Elbrand. Rüdiger Kowalke wollte den Hamburgern das Gewohnte, darüber hinaus jedoch eine leichte Seafood-Variante der Neuen Küche anbieten. Schon sechs Jahre später erkannten zwar nicht alle, aber Gastro-Kritiker mit Erfahrung, was Kowalkes Anliegen war. Mario Scheuermann bewunderte damals die Symbiose von Hausmanns, Großmanns und Weltmanns Küche: „Dieser Dreiklang ist es, der das Haus zur Attraktion macht.“ An Berühmtheit mochte das Team Kowalke-Klunker noch nicht denken, darauf hoffen schon. Immerhin bescherte ihnen die Eröffnung am 1. Januar 1981 mit Pankokenkapelle im Frack und mit ordentlichem Rummel viel Presse („Der Fischmarkt, wie er swingt und lacht!“) und jede Menge Neugierspeiser, die um die Wette buchten. Die ersten Hotelportiers schickten Hausgäste, um frühe Erfahrungsberichte zu bekommen. Von solchen Neulingserfolgen profitieren zunächst alle Neueröffnungen in Hamburg bis heute. Aber wehe, Qualität, Leistung und Ambiente stimmen nicht, dann ist der Neulings-Bonus schnell verbraucht und die Gäste bleiben aus.

Prof. Gyula Trebitsch

Schnell Treffpunkt der Prominenz

Davon spürten die Hoffnungsvollen in der Großen Elbstraße 143 jedoch nichts. Aufschlußreiche Eintragungen im Gästebuch stärkten damals das Selbstbewußtsein der Existenzgründer: „Für gutes Essen herzlichen Dank – wir kommen gerne wieder zurück! – Eine sehr angenehme, überraschende Änderung“ ließ sich schon im ersten Monat Januar gut lesen.
Daß hier im letzten Eck des Fischmarktes, der in seiner nächtlichen Verlassenheit braven Hamburgern schon Harlemer Ängste erzeugen konnte, daß hier im Restaurant der Appetit auf Fisch aufs Beste gestillt wurde, sprach sich schnell herum. Nun kamen die Multiplikatoren der Stadt, die Prominenten von Theater, Medien, Politik und Sport. Hilde Sicks nahm mit Gefolge Platz, Heinz Köllisch mit Freunden, Armin Dahl kam samt Anhang, und als künftige Dauergäste tauchten erstmals Werner Veigel und Uwe Seeler auf. Danach reservierten nun auch jene, die jene sehen wollten. Wer keinen Tisch mehr bekam, organisierte ihn sich über die Hotelportiers, die ihre VIPs wie Bianca Jagger, Leonard Bernstein, José Carreras, Vladimir Ashkenazy oder Sir Georg Solti unterbrachten. Als neuer Erster Bürgermeister seit dem Sommer kam schon im ersten Jahr Klaus von Dohnanyi.
Plötzlich war es abends so voll, daß auch die Vorzimmerdamen vom damaligen Fraktionsvorsitzenden der Bundestagsopposition Helmut Kohl (er kam mit dem damaligen baden-württembergischen

Minister Roman Herzog und dessen Frau) oder Henry Nannen vom „Stern“ immer rechtzeitiger reservieren mußten. Nannen quittierte nach etlichen Arbeitsessen und Gourmet-Besuchen am Jahresende: „Es war wirklich besser als je zuvor. Herzlichen Dank.“
Einer der ersten prominenten Gäste war der Pianist Arturo Benedetti Michelangeli. Er erschreckte das küchenstolze Team Klunker/Kowalke, weil er völlig überraschend auf Ungebratenem und Ungekochtem bestand. Carpaccio vom rohen Fisch war 1981 noch nicht üblich – aber natürlich möglich. Erstmals wurde im Fischereihafen Restaurant frischer Steinbutt hauchdünn geschnitten und in Zitronensaft und Sonnenblumenöl mariniert. Der italienische Gast war begeistert. In den Jahrzehnten danach wurde daraus ein zunehmend beliebterer Klassiker: „Carpaccio vom Steinbutt und Lachs mit Kaviar.“
Schon im Frühjahr tauchte überraschend Placido Domingo auf, mischte sich wie selbstverständlich unter die normalen Gäste und verdrehte die Augen über eine „Babylanguste auf Apfel-Sellerie-Bett“. „Thank you very much for a wonderful dinner. We'll come back. Soon!“ Schrieb's und zeichnete gleich noch ein paar Fanfarennoten darunter.

Das dicke, sich schnell füllende Gästebuch erwies sich nun immer öfter als Chronik der Einfälle und Einträge beglückter Speiser und niemals ganz uneitler prominenter Gäste.

Heidi Kabel (l.) und Hilde Sicks

Kowalkes zweites Naturell war nun gefordert, mit der plötzlich geballt auftauchenden Prominenz entspannt umzugehen, den Diskretion vorziehenden Hamburgern keine Aufmerksamkeit zu entziehen, Stammgästen die liebgewonnene Routine zu erhalten und auch zur stets ernst genommenen „Tante Emma“ ungespielt freundlich zu sein. Das Kunststück gelang nach Meinung aller vier Zielgruppen höchst zufriedenstellend. Heidi Kabel und Tochter schwärmten: „Es war ein wundervoller Tag“, die Profis der „Chaîne des Rôtisseurs“ jubelten verhalten: „Macht bitte weiter so!“ und Milva schrieb schwungvoll begeistert ins Gästebuch: „Questo ristorante è semplice straordinario.“ Das schönste Kompliment kam, weil es aus dem tiefsten Süden stammte, von Liselotte Pulver: „Die Gebirgsmarine war hier! Backen und Banken war hervorragend ...“ Der „schiffige“ Begriff fürs Essenfassen („Backen und banken“ bedeutet seemännisch zünftiges Spachteln).

Rück- und Ausblick waren Ende 1981 also schon bestens. Das neue alte Fischereihafen Restaurant war in seinem ersten Jahr „unter Kowalke“ sogar so gut besucht, daß bei 180 Plätzen endlich ein guter Umsatz gemacht wurde.

Lob in höchsten Tönen

Parallel zum steilen Aufstieg setzte auch Hamburg äußerlich Zeichen, die zu noch schöneren Hoffnungen berechtigten. Der Senat billigte das zweite Hafenentwicklungsgesetz und opferte der Expansion und Hafenerweiterung Altenwerder. Rathausmarkt und Mönckebergstraße waren attraktiver umgebaut und lockten zu Aktionen, auf der endlich durchgehenden Transit-Autobahn nach Berlin rollten manche Berliner Gäste direkt bis zum Fischereihafen Restaurant durch. Das in Jahrzehnten heruntergekommene Altonaer Elbufer begann sich sichtbar zu mausern: Die Altonaer Fischauktionshalle wurde von 1982 an (bis 1984) perfekt restauriert. Bereits 1982, im zweiten Jahr, wurden die ersten professionellen Kritiker aufmerksam und begannen das wiederbelebte Fischereihafen Restaurant mit den Dinosauriern der Hamburger Restaurantszene zu vergleichen. Noch hatten „Lembcke“, „Schümanns Austernkeller“ und das „Mühlenkamper Fährhaus“ einen exzellenten Ruf. Auch Seezungenröllchen, den Klassiker jener Jahre, konnten sie alle wickeln. Aber sie lagen allenfalls an der Alster, nicht an der Elbe, und Fisch-Spezialisten waren sie auch nicht. Rüdiger Kowalke setzte konsequent auf diesen „USP“, den „unique selling point“, der als Begriff damals noch nicht existierte: Meeresgenüsse und sonst gar nichts – von Desserts abgesehen.
Anerkennend schrieb ein Hamburger Gastro-Rezensent mit Blick auf die ersten Jahre des wiederauferstandenen Fischereihafen Restaurants: „Bevor Rüdiger Kowalke das Restaurant übernahm, gab es kein Fischrestaurant, das es mit den großen Namen dieser Welt aufnehmen konnte.“
Nach dem Urteil der Gäste aber, die herumkamen oder dem so genannten Jet Set angehörten, schloß das Fischereihafen Restaurant mit Riesenschritten zur Weltspitze der Fischrestaurants in Paris, Genf, London, New York, oder Boston auf. Die wenigsten dort kannte Rüdiger Kowalke persönlich, aber seinem dritten Naturell – zielgerichteter Ehrgeiz – entsprach es schon, auch diese hohe Meßlatte zu akzeptieren, ohne verklemmt zu agieren. „Willem“ schrieb ihm sogar ins Gästebuch: „Wer einen guten Kochfisch macht, hat auch ein gutes Herz“ – und unterzeichnete „frei nach ‚Willem‘ Busch“.
Die Herzlichkeit sollte Markenzeichen werden, aber zum Erfolg gehört mehr. Im Eingangsbereich seines Hauses, den einige Gourmets schon mal „Tempel“ nannten, prangte damals ein fast lebensgroßes Foto, das ihn als Koch mit den Insignien der Gour-

Dr. Rüdiger Herchenröder, Wolf-Dieter Klunker und Rüdiger Kowalke

met-Brüderschaft „Chaîne des Rôtisseurs“ zeigte. Immerhin zählte Kowalke seit 1976 zu dieser Schlemmer-Gilde, die seit 1248 existiert und regelmäßig ihre „dîners amicals“, die Freundschaftsessen, vom Feinsten zelebriert. Jeder Confrère und jede Consœur ist ein entscheidender Meinungsbildner europa- und weltweit.

Zudem erwies es sich als nützlich, daß Rüdiger Kowalke der stets präsente Empfangschef mit dem phänomenalen Personengedächtnis war. Als souveräner Hausherr begrüßte er verläßlich wiedererkennend Intendanten, Politiker, Stars und Mimen. Und alle waren nicht nur für das erwartbar exzellente Essen, sondern auch dafür dankbar. Manche spekulierten wohl auf ihr „Promi-Foto“ an der Wand, die sich zu füllen begann, und jene Manche bekamen auch ihren Platz.

Viele haben ihn noch heute inne und machen die Wand in der heutigen, seit 1997 bestehenden Oyster-Bar zu einem Déjà-vu-Vergnügen für kundige Zeitgenossen jeden Alters. Die Bildertapete und die Signaturen oder Widmungen darauf sind ein Stück Zeitgeschichte. Alle kamen wegen der Fischgerichte, manche für immer das gleiche, zunehmend mehr für das kulinarische Abenteuer eines Überraschungsmenüs. Fernsehsprecher Wilhelm Wieben reimte fröhlich gelaunt: „Man erspare sich die Qual der Wahl, dann hat man wohl das beste Mahl.“ Und Kabarettist Hans Scheibner hinterließ dankbar den schönen Vers: „Höchste Lust für jeden Fisch: Hier zu enden – auf dem Tisch! Es war großartig.“

Im ersten Geschäftsjahr hatte sich das Fischereihafen Restaurant also schon etabliert, im zweiten faszinierte es zunehmend die Hamburger und viele prominente Stadtgäste. Wer sich „zu Kowalke“ fahren ließ, der passierte immerhin in St. Pauli die legendären Hafenstraßenhäuser, die 1983 gerade mit befristeten Mietverträgen befriedet wurden. Hamburg hatte etwas vor mit der lange vernachlässigten Hafenfront und rückte näher ans Wasser. Tausende bestaunen seit Mai 1983 den Windjammer „Rickmer Rickmers“, der als maritimes neues Wahrzeichen an der Überseebrücke vertäut ist. Ein paar Jahre später wird der Großsegler als Gastronomie- und Partyschiff an die Landungsbrücken verholt und bekommt die „Cap San Diego“ als schmucke Location-Konkurrenz. 1984 begann der Umbau der Hafenpromenade, die von 1987 an aufs Schönste flanierbar wird.

All dies passierte auf Hamburger Innenstadtgebiet, im westlich anschließenden Altonaer Uferbereich herrschte noch großer Sanierungsbedarf. Aktive Fischwirtschaft prägte das Image, im Fischmarktbereich lockten nur ein paar originelle Kneipen, daran

Wilhelm Wieben

Karl Dall (l.) und Fritz Wepper

reihten sich lediglich Schuppen und Lagerhäuser der Fischgroßhändler. Im Straßenpflaster eingelassene Schienen wunderten Besucher, bis sie auf abgestellte Fischwaggons der Hafenbahn stießen. Abends war dies eine gottverlassene Gegend, geheimnisvoll und verwinkelt genug, um den Straßenstrich lohnend zu machen. Ein bißchen Ruch auf dem Weg zum Fischereihafen Restaurant war für viele pikanter Reiz.
Die Liebhaber der gediegenen Atmosphäre fanden sich dann oben im Restaurant wieder, auf der erhebenden „Beletage", wie der „Feinschmecker" schrieb. Hier wurde auch noch geschwelgt, wenn beim Abschied der Blick auf das Gästebuch fiel. Geiger Helmut Zacharias nutzte 1983 die Gelegenheit: „Auch ein grüner Aal kommt selten allein, darum habe ich ihm mit Hochgenuß Gesellschaft geleistet." Das war schon damals der „Plöner Aal in Zitronenbutter gebraten oder grün in leichter Dillrahmsauce, Petersilienkartoffeln und Gurkensalat". Er ist praktisch niemals von der Karte verschwunden, während die damaligen „Seezungenschleifen in Weißwein, mit Eismeershrimps, Tomatenragout und Butterreis" ein wenig aus der Mode kamen, auf Verlangen aber zubereitet werden können. Sicher waren und sind die Konstanten der maßvoll wechselnden Karte ein Erfolgsgeheimnis: Immer wird es wie damals eine „Hamburger Krebssuppe" geben, vielleicht nicht mehr „mit frischem Schöpfrahm überbacken", immer eine „Aalsuppe Övelgönner Art mit Schwemmklößchen und Backobst", das „Labskaus Seemanns-Art mit zwei Setzeiern, Matjes und Roter Bete" und „Schollenfilets" allemal, denkbar sogar als wiedergenossene „Florentiner Art auf Blattspinat mit feiner Käsesauce überbacken" wie Anfang der Achtziger Jahre.
Damals begann das „Pilgern" zum Fischereihafen Restaurant, weil das unverändert gediegene Ambiente, die freundschaftlich perfekte Begrüßung und der Lieblingsgeschmack zum unbewußten Dreiklang wurden, zum kulinarischen Déjà vu. Mel Brooks schrieb 1983 spontan zweisprachig: „It was a great pleasure to dine in such a beautiful (schön) restaurant – and such fantastic (fantastisch) food." Peter Bachér quittierte damals im Gästebuch: „Wenn die Liebe wirklich durch den Magen geht, dann haben Sie heute abend einen neuen Liebhaber gefunden."
Der Liebhaber waren viele, denn selbst publikumsscheue Prominente, die einmal in Frieden Fisch genießen wollten, wußten, daß sie hier Gleichgesinnte fanden, die Kowalkes Ambiente fast wie einen privaten Eßsalon nutzten oder genossen. Heribert Fassbender kam seit 1984 gerne, weil er wie zufällig hier auf Sportprominenz traf (und umgekehrt), er kam auch wegen der „F(r)ischzellenkur". Nur Christopher Lambert zeigte sich kurz vor Weihnachten 1984 zarter besaitet: „Thank you very much, but don't kill the lobsters! It was a great dinner, great food, great people. Bravo! Danke!" Und er en-

dete ausdrücklich mit einem „Big kiss!"
Lakonischer hatte zuvor schon Thomas Gottschalk gewitzelt: „I like your Fischgemisch". Weil er an seinem Schlemmerabend (unter anderem klassischer „Graved Lachs mit Dill-Senf-Sauce") zufällig auf den sattzufriedenen Mike Krüger getroffen war, schloß sich letzterer dem Fischgemisch-Lob handschriftlich verenglischt an: „Ei tu."
Die meisten Gäste fühlten sich wie heute im höchst angenehmen Mahagoni-Ambiente so wohl, weil es diskret und demokratisch zuging – jeder Gast war willkommen und spürte dies.

Das Elbufer als Attraktion

Anno 1985 wandelte sich das Elbufer-Image erneut. Die restaurierte Fischauktionshalle wurde zur begehrten Location für Events. Wassernahes Kopfsteinpflaster und Brackwasserduft mit Dieselaroma waren mehr und mehr „in". In der „Kathedrale des Fisches", wie sie seit ihrer Eröffnung 1986 hieß, tagte das „II. Hamburger Bauforum" und hatte an alle die Zukunftsparole ausgegeben: „Stadt am Hafen – Hafenstadt". Zwar schloß im gleichen Jahr die letzte zünftige „Kaffeeklappe" am Schuppen 73 als Imbiß- und Umtrunk-Treff für Hafenarbeiter, und Lokalpatrioten beklagten den unaufhaltsamen Romantikverlust des alten Hamburger Hafens. Modernisierung und Technisierung gaben ihm allmählich das zeitgemäßere Gesicht. Alle großen Häfen der Welt hatten dieses Problem der Verödung und Wiederauferstehung ihrer alten Kai- und Dockanlagen – nun war Hamburg gefordert.
Im Zuge dieser Entwicklung war das Fischereihafen Restaurant in seiner Abgelegenheit am Rande des Fischindustriegebiets kein Unikum mehr, sondern eher ein Argument. Das Elbufer sollte äußerlich attraktiver werden – hier aber war es schon beliebt. Nicht wenige Promoter der Konferenz „Stadt am Hafen" kamen von der nostalgisch schönen Fischauktionshalle am gleichen Ufer spätabends zu Kowalke und malten ihm schon mal privatissime die Zukunft seiner Umgebung aus. Und wieder konnte er beruhigt feststellen, daß er mit Adresse und Konzept von Anfang an richtig gelegen hatte.
Damit begannen die hoffnungsvollen Veränderungen auch an der Großen Elbstraße. Der alte Kaispeicher „D" im westlicheren Neumühlen wurde nun umgenutzt und der Fischwirtschaft übergeben, die sich so ein wenig von der Stadtnähe wegentwickelte.
Die alteingesessenen Großhändler aber blieben Kowalke-Nachbarn. Inzwischen war der Tagesumsatz des Fischereihafen Restaurants so groß, daß Rüdiger Kowalke als einziger Gastronom das Recht bekommen hatte, morgens um sechs beim Signal der alten Schiffsglocke bei der Fisch-

Tina Turner

Sir Peter Ustinov

Auktion mitzusteigern. Praktisch ausüben konnte er es nur in Sonderfällen und wenn der Auktionator Nachsehen mit ihm hatte. Denn zu speziell war die Versteigerungssprache und viel zu schnell der Ablauf. Rüdiger Kowalke vertraute da lieber auf die engste Zusammenarbeit mit den Händler-Nachbarn, die ihn bei wenigen hundert Meter Luftlinie mehrmals täglich mit frischen Fischen beliefern konnten. Bis heute funktioniert es so, ein Nachtdienst sorgt sogar für spätesten Nachschub. Süßwasserfische kommen inzwischen lebend aus Riesenbecken in der nahen Heide, pazifische Fänge vom Flughafen oder Kurzlager auf schonendem Weicheis. Spezialisierte Händler bieten auf geräuschlosen Telefon- und Fax-Auktionen und wissen, daß Kowalke stets die Höchstpreise zahlt, wenn wegen Sturm nur wenige Seezungen oder Steinbutte angelandet wurden. Hauptsache frisch, wie Feinschmeckerin Tina Turner lobte und es all ihren Nachspeisern schriftlich gab: „I wish you a fish only from this restaurant." Im Fischereihafen Restaurant gab und gibt es deshalb außer dem dekorativen Hummeraquarium im Eingangsbereich keine Vorratshaltung von Fisch – frischer könnte kein Fischer an seiner Strandbude eine Fischpfanne zubereiten.
Kein Wunder, daß dem Chef Klunker das unvergleichlich köstliche „Fischgemisch" einer echten Bouillebaisse optimal gelang. 1985 hieß sie noch „Terrine Bouillabaisse, ‚wie der Chef sie gerne ißt', mit Hummermedaillons". In jenen Jahren feierten die Schauspiel-Schwestern Krekel im Fischereihafen Restaurant, delektierten sich an der abgewandelten provenzalischen Fischsuppe und wagten einen ganz eigenen, etwas kühnen Dankesreim darauf: „Neun Leut' an einem großen Tisch / und auf der Karte nix wie Fisch! / Ich weiß', ich träum noch lange leise / von der guten Bouillabaise."
Anfang der neunziger Jahre wurde der raffinierte Einlagen-Topf zur „Bouillabaisse des Nordens" und war fortan immer wieder auf der Karte oder wurde von Stammgästen bestellt, wenn sie vorübergehend nicht darauf stand. Sie erreichte so über die Jahre eine Vollendung, daß sie 1997 David Hasselhoff zu dem Satz hinriß: „Best bouillabaisse ever!"

Eine verlockende erste Bilanz

Schon vier Jahre nach Wiedereröffnung des Fischereihafen Restaurants im immer noch wenig veränderten Fischereihafen-Milieu hatten Kowalkes Karte, der spezielle Service, Klunkers Kochkünste und die Mundpropaganda ein kleines Wunder bewirkt. In den wenigen Jahren bis 1985 waren so viele VIPs die lange Treppe hoch- und herabgestiegen, daß eine erste Bilanz verlockend erschien. Aus einem Einfall und Wortspiel schöpfte Rüdiger Kowalke die Lust, ein Rezeptbuch herauszubringen, das er „FISH & VIPs" nannte. Dem Gentleman-Patron

und seinen prominenten Lesern war der Titel mit dem leichten Snob-Appeal und die Abgehobenheit vom proletarischen Duft der englischen Zeitungstüte voller „fish 'n chips“ nur recht.
Der 1992 noch einmal nachgedruckte Band versammelte anno 1985 nicht nur die besten Rezepte jener 80er Dekade, er verrät auch, welche VIPs welches der Rezepte zum Lieblingsgericht erkoren hatten. Seitdem wissen Zeitgenossen, Talkshow-Master und Journalisten, daß Boris Becker mit „Geräuchertem Forellenkuchen“, Uwe Seeler „Salat von Norweger Hummern“, Michael Douglas „Rahmsüppchen von Edelfischen“ und Egon Bahr sein „Leipziger Allerlei ‚Neue Art‘“ (mit Krebsen) besonders mochten. Leonard Bernstein genoß die „Galantine vom Plöner Aal mit Entenstopfleber und Backpflaumen“ (und bekam zum Abschied ein echtes „Buddelschiff“ geschenkt). Herbert von Karajan, verwöhnt genug von seinem kochenden Butler Francesco Orsomando (dem „Karajan der Küche“) probierte „Gefüllte Wachtel mit Lachsmousse und Jacobsmuscheln in Morchelrahm“. Der damalige Bundestrainer Franz Beckenbauer schwärmt immer noch vom anspielungsreichen „Kaisergranat auf Cognacrahm mit Lammbries und Minz-Sabayon“, auch wenn er seitdem den „Räucheraal mit Rührei auf gebratenem Schwarzbrot“ in bester Kaisertreue zum Stammessen gemacht hat.
Sean Connery aß Anfang der 80er das berühmte Standardgericht „Nordsee-Steinbutt gekocht mit zerlassener Butter und Rahmmeerrettich“, und er schrieb ins Gästebuch, es sei der beste seines Lebens gewesen. Auch Helmut Kohl hatte seit 1981 bei all seinen Besuchen einen simplen, fast puristischen Geschmack: Stets mußte es schon filierter „Schellfisch mit Senfsauce“ sein, denn so hatte ihn nämlich schon seine Mutter „gekocht“; wohl nicht nur 20 Minuten im Milch-Fischsud gegart, der seinerseits in 20 Minuten aus Fischköpfen, Gemüsen und nelkengespickter Zwiebel entstanden war. Werner Veigel, Tagesschau-Sprecher und bekennender Feinschmecker, schrieb damals im Nachwort zu „Fish & VIPs“: „Hamburg hatte, bevor Rüdiger Kowalke das Fischereihafen Restaurant übernahm, kein Fischrestaurant, das es mit den großen Namen dieser Welt aufnehmen konnte. Heute wird das Fischereihafen Restaurant in Hamburg von Gourmets in einem Atemzug genannt mit ‚Le Duc‘ in Paris und Genf, mit

Nach diesen Fischspezialitäten müßen wir morgen einfach gewinnen (Davis Cup)
Vielen Dank!
B Becker
2.8.85

Dr. Helmut Kohl (l.) und Boris Becker

‚Wheelers‘ in London, mit ‚Sweet's‘ und ‚Oyster Bar‘ in New York, ‚Anthony's Pier 4‘ in Boston und – erst kürzlich hinzugekommen – ‚Corte Sconta‘ in Venedig.“ Den internationalen Gästen war dies längst bewußt, die nationalen konnten es ahnen oder auf Auslandsreisen vergleichend überprüfen. Ein Willy Millowitsch brachte es als eher regionales Leckermaul 1985 auf den schlichten Punkt: „Et hätt leckerjeschmeck.“
Seit 111 Prominente samt Lieblingsrezept im ersten „Fish & VIPs“ als Fischfan oder -kenner geoutet waren, blieb das Fischereihafen Restaurant nicht mehr nur gut, sondern meistens ausgebucht. Nun war es bei Vorstän-

Tagesschau-Team und Dagmar Berghoff (r.)

den, Intendanten und anderen Gremien angesagt, hier Arbeitsessen anzuberaumen, schnell war auch die öffentlichere Prominenz zu kulinarischen Meetings versammelt. Das traditionelle, so genannte „Sprecheressen“ der Tagesschau- und Tagesthemen-Größen fand seit 1985 nun „bei Kowalke“ statt, die Confrères und Consœurs des Feinschmecker-Ordens „Chaîne des Rôtisseurs“ kamen noch öfter, mit großem Appetit und ausgesprochen gerne.

Das Glücksjahr 1987

Anno 1987 war zugleich der Höhepunkt einer gastronomischen wie kulinarischen Irritation von Köchen wie Gästen. Die Nouvelle Cuisine hatte seit 1973 zu enormer Verunsicherung geführt, die Portionen schrumpfen und die Preise steigen lassen. Die oft manirierte Reduziertheit des Angerichteten weckte schließlich den Unmut auch der geduldigsten Gourmets und führte nun zur Rückbesinnung. Deutschlands beste Köche, besternte wie unbesternte, begannen, die annehmbare neue französische und die deutsche regionale Küche miteinander zu kombinieren. Ohne je groteske Nouvelle-Cuisine-Kreationen für die Gäste riskiert zu haben, kreierte Chef Klunker im Fischereihafen Restaurant neben den Klassikern nun allerbeste regionale Weiterentwicklungen. Weil er keine Erwartungen in die Irre führte und seine Fischvariationen in ihrer Modernität Bewährtes erkennen ließen, war 1987 die Küche des Fischereihafen Restaurants einer der Schauplätze der Fernsehserie „Essen wie Gott in Deutschland“. Sieben Millionen Zuschauer sahen jeden Sonntagabend die Sendung, eine knappe Million die Wiederholung am Dienstagmorgen. Das Buch zur Sendung stand mit über 200.000 verkauften Exemplaren wochenlang auf Platz zwei der

Bestsellerliste. Die „Bild"-Zeitung definierte den Erfolg à point: „Nichts gegen Nouvelle cuisine, nichts gegen italienische, spanische, griechische, mexikanische Gaumenfreuden. Aber man kocht wieder deutsch! Leichter als früher, gesünder und trotzdem viel schmackhafter." Zwei Jahre vor der Jahrtausendwende resümierte Rüdiger Kowalke, wie er mit Freund Klunker die aufgeregten Zeiten überstanden hatte: „Ich habe die Nouvelle cuisine, die Neue deutsche Küche und viele andere ‚Bewegungen' kommen und gehen sehen. Man muß auch lernen sich zu versagen. Nur so bleibt man das, was letztlich zählt: nicht austauschbar." Deshalb gab es damals sowohl „Jakobsmuscheln in Belugacreme", aber immer auch die perfekte Speckscholle.

Zwar verkehrte im Fischereihafen Restaurant wohl mehr Prominenz als in jedem anderen Restaurant der Hansestadt. Mangels einer Schicki-Micki-Szene an der Elbe war und bleibt es bis heute eben möglich, daß ein Bundeskanzler neben eingesessenen Hamburgern, Berlinern oder Münchnern tafelt, ein Stardirigent erkannt, aber in Ruhe gelassen wird, ein Außenminister am Nebentisch Japanisch hört und Wirtschaftsbosse neben interessanten Schönen sitzen.

Einmal aber waren es handverlesene Gäste, die Kowalke im Restaurant gruppiert hatte. Nach einem längst Routine gewordenen diskreten Sicherheits-Check seines Hauses konnte er am 6. November 1987 Prince Charles und

Prince Charles und Princess Diana

Princess Diana empfangen. In hanseatischem Understatement betrachtete der Hausherr den hohen Besuch als Ehre und Test für routinierte Gelassenheit im Umgang mit so genannten hohen Gästen. Alles klappte vorzüglich. Protokollwidrig verlangte das Paar am Ende zur Magenstärkung einen Klaren und bekam ihn natürlich, auch wenn hochgezogene Augenbrauen der Herren im Hintergrund bedeuteten, daß coram publico kein Alkohol königliche Lippen netzen dürfe.

Einem Naturtalent in PR-Fragen war dieser Besuch den Beginn eines neuen Gästebuches mit den lakonischen, kommentarlosen Ersteintragungen „Charles, Diana" wert, auch das Presseecho war nicht unwillkommen. Der lokale Gastrokritiker Mario Scheuermann hatte das Fischereihafen Restaurant nun auf Platz vier der zehn weltbesten Fischrestaurants festgeschrieben („Anthony's Pier Four", Boston, „Cape Cod Room", Chicago, und „Corte Sconta",

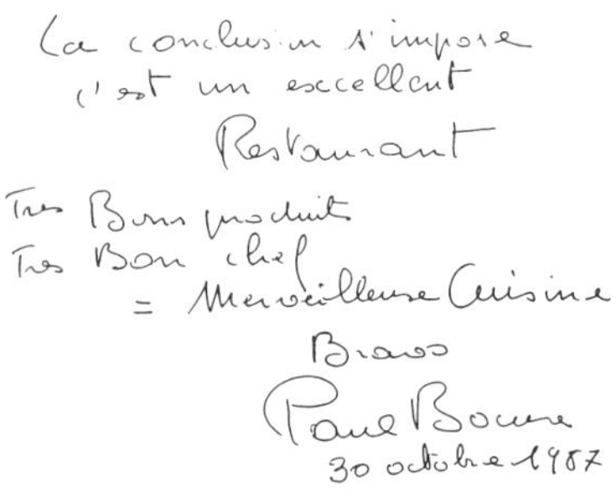

Venedig, lagen davor), was zugleich bedeutete, daß es die Kollegen der Feinschmecker-Zunft ab- und fortschrieben.
Noch wichtiger, wenn auch weniger medienwirksam war allerdings der Besuch von Paul Bocuse, dem Kritiker der übertriebenen Nouvelle Cuisine und Propagandisten

Deutsch-französische Kochelite und Paul Bocuse (r.)

der leichten, ehrlichen, saisonalen und nach Möglichkeit regionalen Küche. Fast alle Ideale hatten Kowalke und Klunker schon beherzigt und nun mit leichteren Saucen die Forderung nach neuer Leichtigkeit auch umgesetzt. Nichts leichter als gerade das bei Fisch. Bocuse war beeindruckt und wählte mit Bedacht die Worte für sein Kompliment, das einem Ritterschlag gleichkam: „La conclusion s'impose c'est un excellent restaurant – très bons produits, très bon chef = merveilleuse cuisine. Bravo! Paul Bocuse“, mit anderen Worten: „Der Schluß drängt sich auf: Dies ist ein exzellentes Restaurant mit sehr guten Produkten und einem sehr guten Chef, zusammen eine großartige Küche. Bravo!“
Damit war das Jahr 1987 zum Glücksjahr geworden. Das Renommee war exzellent, die Gäste waren hochzufrieden und gar nicht selten illuster, die Küche entwickelte sich auf natürlichste Weise weiter, weil sie modischen Strömungen nicht erlegen war.

Schöner Strom mit neuem Ufer

Für die Rand- und Wasserlage gab es ebenfalls hoffnungsvolle Entwicklungen: Seit 1986 hatte ein städtebaulicher Ideenwettbewerb des Landesplanungsamtes für Neumühlen, also die westliche Uferfortsetzung hinter dem Fischereihafen Restaurant, visionäre Umnutzungen konzipiert. Mit der Abwanderung der fischverarbeitenden Industrie würden in Alt- und Neubauten attraktive Lofts am Wasser entstehen, die Umgebung also deutlich aufgewertet werden. Der Bau des Hotels „Hafen Hamburg“ um das ehemalige Seemannshaus (von 1858–63) oberhalb der St.-Pauli-Landungsbrücken zeigte 1987, daß die Elbe endlich dem Tourismus besser erschlossen wurde. Noch bedeutender allerdings war Ende des Jahres 1987 die Grundsatzvereinbarung der Stadt mit Investoren über den Bau eines neuen Fährterminals für die Englandfähre in Sichtweite des Fischereihafen Restaurants. Dafür sollte von 1988 an sogar ein halbes Hafenbecken des ehemaligen Altonaer Fischereihafens zugeschüttet werden und ein visionär

postmoderner Langbau mit Büros ein neues vorgelagertes Elbufer bilden. Seitdem beginnt der verkürzte „Fischereihafen“ mit Kaianlage direkt vor seinem gleichnamigen Restaurant.
Mit Entschlossenheit rückte die Stadt nun nahe an ihren schönen Fluß. Auch Hamburgs Kreative, Werber zumal, interessierten sich und sorgten mit Begehrlichkeit für die Eigendynamik des Trends zum Wasser.
Im Hinblick auf so viel neue potentielle Business-Kunden las sich Kirk Douglas' Gästebuch-Eintragung damals wie ein gutes Omen für das New Business der Umgebung: „Man muß arbeiten, man muß essen, hier muß man nur essen! Kirk Douglas, Vater von Michael.“
Doch was sich liest wie eine beinahe zwangsläufige Erfolgsstory ist hinter der schönen Kulisse des Fischereihafen Restaurants ebenfalls harte Arbeit. Das hohe Niveau der Küche war auch Ende der 1980er Jahre unkritisiert, der Prominententreffpunkt garantiert. Als Golfspieler und Fußballfan sorgte Kowalke für die hilfreichen Connections und betreute Events ganz ohne professionelle Hilfe zunehmend wie ein PR-Profi in Eigenregie. Dadurch bleiben alle Kontakte freundschaftlich, manche wurden Freunde wie etliche Fisch mögenden Spitzensportler und deren Funktionäre. Der 1988 frischgewählte Erste Bürgermeister Henning Voscherau wurde zum hanseatischsten und Madonna im selben Jahr zum schillerndsten Gast. Johannes Rau, damals Ministerpräsident von Nordrhein-Westfalen, ließ sich das Gästebuch kommen und dankte: „Ein gemütlicher und anregender Abend!“
Im Jahre 1989 nimmt die lange geplante Zukunft von Fischmarkt und Altonaer Elbufer endlich sichtbare Formen an. Der traditionelle und populäre Fischmarkt entwickelte sich zunehmend zum gigantischen Flohmarkt. Immer weniger Ewer legten in der Sonntagnacht an und verkauften ihre fangfrischen Fische über die Reling. Immerhin wurde die denkmalgeschützte Fischauktionshalle modernisiert und innen für Großveranstaltungen hergerichtet, wovon der Jazz-Frühschoppen bis heute einer der beliebtesten Sonntagsvergnügen wurde.
Ein „Städtebaulicher Ideenwettbewerb Altona-Große Elbstraße“ machte aus etlichen Kilometern Elbufer eine attraktive Architektursammlung in spe. Alte Silos sollten Medienzentrum, neuere Fischhallen Lofts oder Neubauten im Hafendesign Firmensitze mit Elbblick werden. Bis 1992 ent-

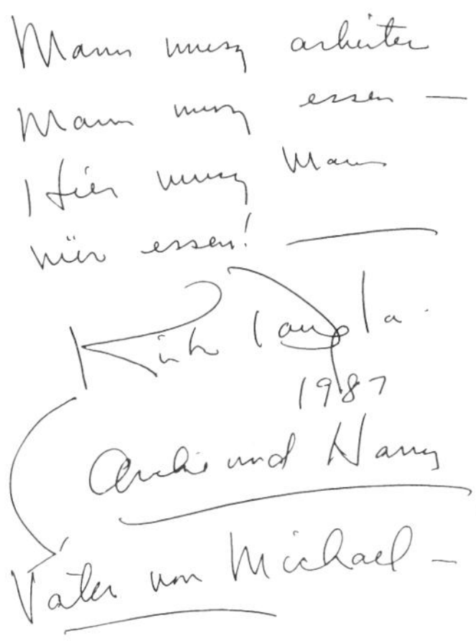

Michael Douglas (l.), Kathleen Turner und Kirk Douglas

stand nun das „Kreuzfahrt Center“ fast vor den Panoramafenstern des Fischereihafen Restaurants mit Terminals und Anleger für die regelmäßig verkehrende England-Fähre.
All dies geschah aus wichtigem Grund: Alle Augen, die von ganz Hamburg und die von einer Million Angereister, waren 1989 auf die Elbe gerichtet, als im Mai fünf Tage lang der 800. Hafengeburtstag gefeiert wurde.
Unter diesen verlockenden Rahmenbedingungen mit Bunter Hafenmeile und Windjammerparade trumpfte auch die Hamburger Edelgastronomie auf: „Weltfestival großer Köche“ und „Hamburg kocht auf“ hieß die Aktion, bei der 18 Spitzenköche in 7 Spitzenrestaurants einluden. Viel beachtet und blitzschnell ausgebucht war die „Nord-Süd-SeafoodGala“ im Fischereihafen Restaurant, bei der Heinz Winkler aus Münchens „Tantris“ (3 Sterne) und Kowalke-Klunker (1 Krone mit zwei Fischen) gemeinsam ein Menü präsentierten. Die Küchenbrigade half beiden kreativen Chefs und sorgte für eine Sternstunde der Gastronomie. Vom Chef des Hauses waren die Gänge mit „Matjesfilet auf pfannengeröstetem Vollkornbrot“, „Gebratene Imperial-Austern auf Limonenschaum“, „Langustenmedaillons auf Sellerie-Butter“ und „Mit Kaviar gefüllte neue Kartoffeln“, vom Gast-Chef Winkler wurde das Kontrastprogramm komponiert: „Rotbarbe auf Zwiebelconfit“, „Scampi auf Rösti mit Vinaigrette“ und „Lachsroulade auf Safran mit Tomaten“. Mitspeisende Kritiker bescheinigten Wolf-Dieter Klunker anschließend, er sei längst über die Landesgrenzen hinaus einer der Kreativsten.
Im Buch zur Aktion „Hamburg kocht auf“ konnten Fischfreunde nachlesen, wie die Klassiker zubereitet werden, wie „Aalterrine“ aus 1/3 Hechtfleisch und 2/3 Räucheraal entsteht oder „Marinierter Stör mit seinem Kaviar“ gelingt: Hauchdünne Störfilet-Scheiben mit Spinat zur Roulade formen, einfrieren, eiskalt in superdünne Scheiben schneiden, mit Zitronensaft und Meersalz anrichten, mit Crème fraîche und Kaviar garnieren.
Nur Neulinge, die erstmals den Backsteinbau des Fischereihafen Restaurants ansteuern, erwarteten derlei nicht. 1989 beschrieb das Gourmet-Journal „VIF“ das noch alte Ambiente einfühlsam: „Die Wände holzverplankt, die Fenster mit artig gerafften Gardinen, zum Stil des Interieurs passende Lampen, bleiverglaste Flügeltüren und einige maritime Zutaten machen das Lokal zu einem distinguierten Rahmen für meeresfruchtige Genüsse.“ Für den Genuß vergaben die Experten 16 (von 20) Punkten. Fazit der Tester: „Nicht das Geringste auszusetzen – sauber gearbeitet – überzeugend!“ 1989 kosteten die Hauptgerichte 19,50 bis 56, Menüs 65 bis 125 Mark. Das galt damals schon als hoch, wenn auch angemessen für das sogenannte Preis-Leistungs-Verhältnis.
Der über 80jährige „Zigarren-Zar“ Zino Davidoff kam Ende der

Sir Sean Connery

1980er Jahre (nicht das erste Mal), weil er Hummer-Mousse auf der ganzen Welt essen könne, im Fischereihafen Restaurant aber bekanntlich immer etwas Besonderes bekäme. Fünf Gänge genoss er mit Matjes-Tartar, mit bekannter Aalsuppe, mit dem klassischen regionalen Labskaus, mit Hering frisch aus der Pfanne, mit Pannfisch nach Hamburger Art und schließlich Hamburger Roter Grütze. Höchstes Kompliment des damaligen bekennenden Nestors der Luxusindustrie: „Wenn ich auf den elektrischen Stuhl müßte und eine Henkersmahlzeit frei hätte – ich würde sie mir aus dem Fischereihafen Restaurant kommen lassen.“
Schon 1989 wurde hin und wieder außer Haus gekocht, dann aber für gute PR-Zwecke oder zur Unterstützung von Kollegen. Seit 30 schleswig-holsteinische Restaurants von 1987 an die Wochen der „Nordischen Tafelfreuden“ erfanden, kreierte Küchenchef Klunker dafür als Vorspeise „Rote Bete-Gelee mit Beluga-Kaviar“ und ein „Frikassee vom Wakenitz-Waller“. Als Kompromiß an die Erwartungshaltung kochte Hamburgs bester Fischkoch sogar fremd und ausnahmsweise einmal Rehrücken.
Dafür waren Kowalke/Klunker-Genüsse von 1994 an Jahr für Jahr auf der Messe „boot“ in Düsseldorf zu schmecken, wenn im „Restaurant Menuett“ des Steigenberger Parkhotels die „Hamburger Fischwochen“ ein überlaufener Treff waren.

Ein neuer Trend wird geboren

Seit 1989 war eine ganz andere Tendenz zu beobachten, die weltenbummelnde Feinschmecker längst vorausgesagt hatten – der Trend zum rohen Fisch. Elf Jahre vor dem Jahrhundertende schrieb der Trendforscher und Managementberater Gerd Gerken: „Was heute der Hämbörger ist, wird im Jahr 2000 und danach roher Fisch sein. Diese Fischwelle ist bisher erst in Kalifornien, Paris und London angekommen. Bald wird sie alle City-Zentren der Großstädte erobert haben.“
Im Fischereihafen Restaurant war der Trend 1989 schon angekommen: Wolf-Dieter Klunker damals zu ersten Umfragen der Gourmet-Presse: „Bisher wird roher Fisch zwar in erster Linie innerhalb der von uns vorgeschlagenen Menüs akzeptiert, aber die Zahl der Gäste wächst, die von sich aus danach fragen.“
Er erinnerte sich sehr wohl an Arturo Benedetti Michelangeli, auf dessen Verlangen er 1981 erstmals und seitdem immer mal wieder „Carpaccio vom rohen Fisch“ geschnitten und mariniert hatte.
Täglich frischester Fisch prädestinierte das Fischereihafen Restaurant für die neue rohe Welle.
Küchenchef Klunker zögerte noch: „Für Frische gibt es eigentlich nur ein Kriterium. Wichtiger als klare Augen und rosige Kiemen ist der Geruch: Nach gar nichts darf der Fisch riechen, außer vielleicht ein bißchen nach Tang und noch nach Meer. Dann kann man ihn auch roh essen.“

Kann? Ende Mai 1989 flog Rüdiger Kowalke zwei Tage ins „Oriental" in Bangkok und kochte, lernte und goutierte in der dortigen „Thai Cooking School". Wieder an der Elbe köchelten, probierten und dekorierten Kowalke und Klunker nach den neuen Erfahrungen und nordeten sie ein wenig ein. Scampi auf Chili-Basis schmeckten sehr bald auch den Gästen, Fisch auf einem Bambusblatt bekam Beifall.
Stolz diktierte Rüdiger Kowalke einem Journalisten seinen Frischfisch-Vorteil: „Wir bekommen lebenden Stör aus Norditalien, verarbeiten Bonito (Thunfisch), Seeteufel und Lachs zu Carpaccios. Der Küchentrick: Der Fisch wird angefroren, hauchdünn geschnitten und mariniert." Lakonische Empfehlung zur Abrundung: „Zum Stör gibt's den Rogen."
Nun konnten die Gastrokritiker befriedigt feststellen: „Im fünftbesten Fischrestaurant der Welt gibt es neben moderner leichter Küche auch traditionelle Hausmannskost als ‚Hamburger Regional-Menü' mit sechs Fischgängen". Dieses Regional-Menü wurde sozusagen das Stammessen vieler Stammgäste: Matjestartar, Övelgönner Aalsuppe, Seemanns-Labskaus, gebratener Hering auf Zwiebel-Tomatenbutter, Hamburger Pannfisch vom Steinbutt sowie Rote Grütze mit Rahmeis und Vanillesauce.

Fürstin Gloria und Fürst Johannes von Thurn und Taxis

Aufstieg zur Restaurant-Legende

All diese Leistungen sahen Experten mit Hochachtung auch vor dem Hintergrund, daß pro Woche bis zu 2,5 Tonnen frische Fische, Muscheln und Krustentiere und am Tag damals bis zu 20 Hummer, 60–70 Seezungen, 200 Austern und 30 kg Lachs und andere Meeresfrüchte verarbeitet und perfekt serviert wurden. Und immer wurden nur die besten Mittelstücke herausfiletiert.
Zum Hochgenuß kam der Logenplatz an der Elbe. 1989 konnten Gäste die Parade der Windjammer und kleineren Segler und Begleitflotten der „Sail '89" vom Fensterplatz aus abnehmen, an anderen Tagen beobachten, wie an der Übungsanlage vor ihnen Rettungsboote ausgeschwungen wurden oder rundum geschlossene „Freifallboote" von der Schrägrampe der Fallanlage in die Elbe rauschten.
Wer aber selbst auf dem Wasser zu Hause war, kam wegen der leiblichen Genüsse. Gloria von Thurn und Taxis hatte mit Mann Johannes auf der Yacht „Aiglon" an der „Sail '89" teilgenommen, probierte aber abends statt des Bordmenüs lieber die Karte vom Fischereihafen Restaurant. Beide wollten diskret nur einen Tisch in der hintersten Ecke und weiße Nelken als Tischdekoration. Gloria schrieb ins Gästebuch: „Ich habe zwei köstliche Vorspeisen gegessen, drei Hauptspeisen (incl. die meiner Nachbarn), weil es sooo gut war. Eine Nachspeise kann ich mir nicht leisten, sonst platzt meine Jacke! Never mind, it was great and I am coming back." Die

Fürstin schwärmte: „Hier habe ich den besten Steinbutt meines Lebens gegessen – und auch der Kaviar ist unvergleichlich.“ Sie nahm anderntags die Kowalke-Einladung zu einer privaten Kaviarverkostung (12 Sorten) im Spezialgeschäft „Caspian“ an, erschien im Matrosenanzug und soll drei Halbpfunddosen erstanden und Gerüchten zufolge ihren Kaviarlieferanten für die Zukunft gewechselt haben. Die Fürstin kam noch zweimal „zu Kowalke“, ehe die „Aiglon“ wieder ablegte.
Die Schauspieler-Legende Will Quadflieg war sich im gleichen Jahr den hohen Satz schuldig: „Sitzt der Gott des Fisches, sitzt er im Fischereihafen Restaurant.“ Und Otto brachte mit Spruch und frecher Zeichnung das Urerlebnis dort wieder auf den Punkt: „Also die Seezunge ... sensationell!!!!“ Daß im selben Jahr auch Außenminister Genscher und CDU-Generalsekretär Volker Rühe nacheinander Gast waren, brachte Rüdiger Kowalke auf die Idee, allen Gästen ohne Chauffeur einen besonderen Service zu bieten. Ein Amerika-Besuch hatte ihn dazu angeregt. Seit 1990 versieht Albert Thaler als Wagenmeister in maritimer Phantasieuniform draußen vor der Tür und notfalls mit Schirm bewaffnet diesen höchst angenehmen Dienst am Gast. Er parkt und holt den Wagen und bewacht ihn in der Zwischenzeit. Die Abgelegenheit des Restaurants war für manche damit charmant kaschiert. Selbst die Schweizer „Weltwoche“ zollte 1991 Beifall: „Wichtig in dieser verwüsteten Gegend, daß die Daimler, Porsche und Jaguars, die bei ihm vorfahren, bewacht sind.“ Denn: „Es ist ein Kulturschock, wenn man, aus dem Hafenviertel kommend, die Treppe hinaufgeht und plötzlich in diesem Restaurant steht, einem Ort, den man hier nicht mehr erwartet hätte: Gemütlich hanseatisch eingerichtet, mit viel Mahagoni, Blumen und Bildern von Segelschiffen, es ist laut und lebendig, und der Blick auf den Hafen ist ein Erlebnis.“
Noch wogte die Lifestyle-Welle durch Deutschland und ließ auch Zufallsgäste stranden, die sich von der regionalen Karte und den kreativen Ergänzungen begeistert zeigten. 1990 hatte sogar die fernsehkritische „Hör zu“ über all jene Kochsendungen gestöhnt, die jede Hausfrau, „die keinen heißen Draht zum Rungis-Expressmarkt“ hat, verzweifeln ließ: Zu kompliziert, zu viele Zutaten, zu wenig Zeit. Damit war die überfordernde Sendereihe „Besser essen in Deutschland“ ein wohl frustrierender Publikumserfolg – mit wenigen Ausnahmen. Ausdrücklich lobte die „Hör zu“ das „Duo Kowalke/Klunker“. Die beiden

Der Wagenmeister Albert Thaler (l.) und der Kellner A. Jaadi

hatten ihren Klassiker „Schellfisch auf Senfsauce“ den Kameras vorgezaubert. „Klingt ganz simpel“, lautet das Kritikerurteil, „ist auch simpel zuzubereiten. Aber auf dem Gaumen: göttlich!“ Der „Feinschmecker“ lobte: „Die ‚alten Zeiten‘ kommen wieder, da sich nur der als wirklich großer Koch erweist, der mit Fisch umzugehen versteht.“
Der „Aral-Schlemmer-Atlas“ verlieh 1990 drei Löffel bei besonderer Würdigung der „Seezungen-Roulade auf Kartoffel-Lauch-Vinaigrette“. Fazit des kundigen „Feinschmeckers“: „Modern und maritim, Klunker segelt mit kutterfrischen Kreationen hoch am Wind des neuen Trends: Fisch, glasig gegart oder roh mariniert.“

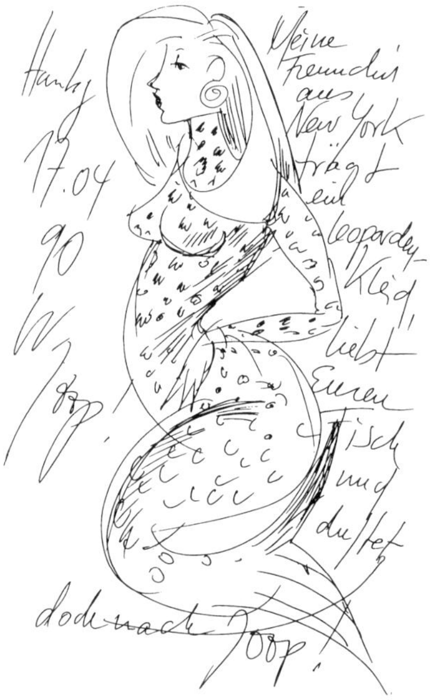

Zeichnung Wolfgang Joop

Die Welt zu Gast

Internationalität und Modernität wurden im März 1990 deutlich, als Juventus Turin beim HSV und beide Mannschaften und ihre Funktionäre abends bei Kowalke zu Gast waren.
Im Fischereihafen Restaurant speiste der von Reportern so apostrophierte Fußball-Adel und delektierte sich an der für eine Woche einmal ganz anderen zweisprachigen Speisekarte. Auch den erfahrenen Stammgästen gefiel die Geste, die aus vertrauten, norddeutsch bodenständigen Gerichten plötzlich so mediterran klingende Köstlichkeiten machte: „Ostriche Imperial fritte su Champagner Crauti“ (gebackene Imperial-Austern auf Champagnerkraut), „Arrotolato di Sogliola affumicata“ (geräucherte Seezungenroulade), „Carpaccio di Coda di Rospo e Salmone“ (Carpaccio vom Seeteufel und Lachs), „Gamberoni con Pasta“ (hausgemachte Nudeln mit Riesengarnelen) und „Filetto di Salmone su Funghi Gelone“ (Lachsfilet mit Austernpilzen).
Rechtzeitig zur Zehnjahres-Feier der Kowalke-Ära des Fischereihafen Restaurants 1991 wurde das „Lokal“, wie Rüdiger Kowalke es schon mal als Profi nennt, renoviert. Sehr behutsam, hanseatisch sensibel und perfekt für Gäste jeden Alters schmeichelhaft sanft ausgeleuchtet.
1991 war auch in manch anderer Hinsicht ein Jubliläumsjahr. „Lifestyle“ war zum Inbegriff geworden, und die Konsumgewohnheiten einer jüngeren, wohlhabenden Generation begannen sich durchzusetzen. Zum Schauspiel des seit Mai dieses Jahres alle zwei Tage stattfindenden An- und Ablegens der majestätischen Englandfähre mußte man schon ins Fischereihafen Restaurant kommen. Da konnte man auch einen Robert Redford mitbewundern oder mitbekommen, warum dem Hausherrn Günther Jauch sympathisch war, der ihm mit seiner eigenen Ehrlichkeit ins Gästebuch geschrieben hatte: „Hamburger – kenne ich von Herrn Gottschalk, Fisch – bisher nur als Stäbchen, Alsterwasser – nur als bayerisches Radlermaß – aber seit heute abend fange ich ein neues Leben an. Dank für das traumhafte Essen!“

Anno 1992 versammelte sich die europäische Vereinigung „Junge Restaurateure“ – selbständige junge Köche mit Michelin-Stern oder höchstem Lob im Gault-Millau – im Hotel „Prem“, wo der damalige „La Mer“-Chef Rainer Wolter diesen Gastronomen-Club 1991 gegründet hatte. 250 auf höchstem Niveau kochende Kollegen aus sechs Ländern arbeiteten damals eine „Charta“ aus, nach der hoffnungsvoller Gastronomie-Nachwuchs untereinander vermittelt und mit Stipendien gefördert werden sollte. Das Abschluß-Schlemmen dieses Hamburger Treffens fand im Fischereihafen Restaurant statt und ließ die jungen Köche (satzungsgemäß keiner über 35 Jahre alt) die scheinbar schlichte Karte bestaunen und die routiniert raffinierten Kombinationen bewundern. Natürlich wurde auch diskutiert, ob das oft als Gourmettempel an der Elbe apostrophierte Traditionsrestaurant nicht endlich einen Stern verdient habe. Doch die stets anonymen Tester wußten sehr wohl vom einstigen eleganten Boykott der Extremforderungen der Nouvelle Cuisine hier an der Elbe. Sie schmeckten zwar höchste Qualität bei konkurrenzloser Frische, nahmen aber, so hieß es unter der Hand, die pure Größe des Fischereihafen Restaurants (180 Plätze, zwei- bis dreimal am Tag besetzt) als wichtigen Einwand. Für anonyme Speiser mag die bloße Beobachtung der Erfolgsmischung aus unbestrittener Popularität, gemütlicher Eleganz und Natürlichkeit im Umgang mit Prominenz ein wenig Essig im Wein gewesen sein. Um so wertvoller ist die Tatsache, daß besternte Kollegen, die unter dem Erhaltungsdruck dieser Auszeichnung stehen, sich im Fischereihafen Restaurant so gerne bekochen lassen.

Robert Redford (l.) und Woody Allen

Eine von vielen Sternstunden erlebte Küchenchef Wolf-Dieter Klunker statt dessen im Herbst 1991. Von der größten Feinschmecker-Bruderschaft der Welt, der „Chaîne des Rôtisseurs“ (seit 1248) erhielt er in Hannover den Ritterschlag zum Confrère. Einige Monate zuvor hatte er sich die überfällige Ehre symbolisch im eigenen Restaurant zu erkochen. Rüdiger Kowalke, damals schon seit 18 Jahren Mitglied der Connaisseurs-„Chaîne“, hatte 90 Consœurs und Confrères zu einem 7-Gänge-Menü eingeladen, das tosenden Beifall bekam: „Sylter Auster im Lachsmantel mit grünem Meerrettich und Sojasauce“, „Sommerlicher Salat mit Rotbarbenfilet“, „Frikassee von kanadischem Hummer auf hausgemachten Spaghetti“, „Dorschfilet auf Shii-Take-Pilzen mit warmer Kartoffel-Vinaigrette", „Geeiste Tomatenconsommé mit Osietra-Malossol-Kaviar", „Zanderfilet Elsässer Art mit Sauerkrautkruste in Kapern-Zitronenbutter" und einen „Pfirsichterrine auf Johannisbeer-Joghurt-Spiegel mit Champagnereis". Diniert wurde drei Stunden lang nach dem strengen Reglement, nicht zu rauchen, nicht aufzustehen und keine Reden zu halten – etwas Andacht herrschte schon. Es war seit 1985 das zweite von noch etlichen Mahlen, daß die „Chaîne" ein „dîner amical" im Fischereihafen Restaurant abhielt – dieses von anno 1991 war vermutlich das aufwendigste gewesen.

Expansionsdrang

Die aussichtsreichen Entwicklungen des Jahres 1992 erinnerten Rüdiger Kowalke an die mögliche Ausweitung seiner Aktivitäten. Rechner Kowalke hatte öfter seinen Expansionsdrang gezügelt. Im März 1992 eröffnete er mit dem inzwischen leider viel zu früh verstorbenen Partner Andreas Kroepels die edel blau-weiß gekachelte Hamburger „Fischküche". Sie wurde sofort als „Nobelbistro" eingestuft und vor allem für ihre offene Küche gerühmt, die täglich nach Marktangebot kochte. Passend war die unkonventionell lockere Bedienung in den T-Shirts zu Garçon-Schürzen. Eine Selbstgefährdung des Fischereihafen Restaurants war dies nicht.

Sabine Christiansen, Dagmar Berghoff, Vicky Leandros und Max Schautzer

„Eigentlich", schrieb ein Szene-Magazin damals, „läuft hier alles verkehrt herum: Der Gast sitzt in der Küche, der Koch steht im Restaurant."
Seit dieser Hamburger „Ableger" des Fischereihafen Restaurants Profis wie Gäste begeisterte, lag eine weitere Dependance nahe. In Berlin war damals kein überdurchschnittlich guter Fisch zu essen, konstatierte nach einigen Besuchen Rüdiger Kowalke. Das Management des Hauses gönnte ihm deshalb im Innenhof des „Kempinski-Plaza" 60 Sitz- und 140 Terrassenplätze, und schon im Dezember 1993 eröffnete eine zweite „Fischküche" in Berlin, im Innendesign ein Zwilling der bewährten Hamburger Neuerung. Was die Premierengäste bekamen, war nur der Vorgeschmack auf die frische Fischküche aus Hamburg: Lachssülze auf Krabben, Schellfisch, Scampi mit Peperoni-Nudeln, Zander auf Muschelragout. Rüdiger Kowalke, damals stolz auch auf die „Gault Millau-Urkunde", die ihm mit 16 von 20 Punkten seinen Platz unter den 150 besten Restaurants Deutschlands bescheinigte, resümierte: „Ich habe seit einem Jahr auch ein zweites gastronomisches Standbein. Es ist die ‚Fischküche'."
Der Unternehmergeist wirkte sogar entschieden weiter und gönnte den Hamburgern, wieder im Verein mit Partner Kroepels, anno 1995 ein drittes Fischrestaurant namens „Fischmarkt", attraktiv gelegen im „Hanse Clipper"-Haus in der Ditmar-Koel-Straße am Johannisbollwerk, zwei Minuten vom Verlagsneubau von

Gruner+Jahr entfernt. Wieder bewährte sich das zeitgemäße Konzept der offenen Küche, die ausschließlich zart glasig gegarte Fische vom Lavagrill lieferte. „Zeitgeistig gesehen", argumentierte Kowalke, „gibt es tatsächlich eine Entwicklung zum Edelbistro. Die Leute wollen es heute unkonventionell, schnell und lokker."

Immer auf höchstem Niveau

Diese junge „Denke" sorgte auch für Neues auf dem Teller. Kowalke damals: „Man sollte immer nach neuen Zubereitungsformen und ebenso nach neuen Präsentationsformen im gastronomischen Auftritt suchen, damit Fisch für das Publikum morgen noch interessant bleibt." Viermal im Jahr wurde seitdem die Karte grundsätzlich überarbeitet und las sich bis auf die Klassiker völlig neu. Je nach Marktlage oder überraschenden Anlieferungen wurde gerne spontan geändert.
„Man muß sich natürlich auch ein bißchen umsehen und orientieren, zum Beispiel Tendenzen im Ausland feststellen und sich fragen, wohin führt der Weg jetzt und in Zukunft. Da wir in Hamburg richtungweisend für Fisch sind, können wir nicht stehenbleiben." Durch diese Lust am Wandel und dem Gespür für sich wandelnde Geschmäcker kamen nun von Dezember bis März „Florida Stone-Crabs" auf die Karte, wurde mal Sashimi vom Dorsch, Lachs oder Bonito mit eingelegtem Kürbis und Ingwer so schnell beliebt wie Wan Tan mit Riesengarnelen in Tandoori-Sauce an Kürbissalat, im Teig gebacken in einer weichen Sojasauce, Felsenaustern im Lachsmantel mit grünem Meerrettich gestippt als Probierhäppchen. Dipping und Fingerfood führten Chef Klunker dann zur Entwicklung seiner mit Seafood-Proben belegten „Minipizzen".

Ortwin Runde, Werner Hackmann (l.), Uwe Seeler und Franz Beckenbauer

Im äußerlich im besten Sinne konservativen Fischereihafen Restaurant herrschte kulinarische Entdeckungslust. Das Gourmet-Journal „VIF" meldete, daß „die bislang nur traditionelle Karte" Verblüffendes aufzuweisen habe und den internationalen Szenegänger reizen könne.
Im September 1995 schrieb das Fachblatt „Hotel Restaurant": „Der Trend hin zu reinen, gesunden Lebensmitteln läßt den Fisch auf einer wahren Erfolgswelle schwimmen." Wieder lag das Fischereihafen Restaurant mit seiner Ausschließlichkeit, auf Meeresgenüsse zu setzen, so richtig, daß eine begeisterte Presse nun Rüdiger Kowalke mit Ernennungen zum „Fisch-Guru", „Fisch-Mogul" oder gar „Fisch-Papst" schmei-

chelte. Manche apostrophierten Rüdiger Kowalke zur Abwechslung als „Edel-Koch“ und jenen Mann, der „Lust auf Meer“ mache. Fairerweise betonte der Chef des Hauses bei allzu viel Vordergrundwirkung, daß er den Erfolg auch dem Chef der Küche verdanke, der seinem Naturell gemäß eher und lieber im Hintergrund wirkt: „Für mich ist Wolf-Dieter Klunker der kreativste Fischkoch in Deutschland.“ Der hatte nun doch seinen inneren Frieden mit der Gästelust auf Fernöstliches geschlossen und beide Küchen nebeneinander perfektioniert. Tagten wie 1996 die Spitzen von HSV und FC Bayern München im Fischereihafen Restaurant, gab es „Aalfilet mit Rührei“ (Beckenbauers Lieblingsessen), „Labskaus mit Wachteleiern“ statt mit Hühnerei (Uwe Seeler-Wunsch) sowie „Hummer-Ragout“ und „Steinbutt klassisch mit Kräutern und Steinpilzen“. Andere Gäste delektierten sich an „Mini-Pizzen“ mit Lachs, kleinen Hummermedaillons auf Kohlrabi, gebackenen Austern mit Limonenbutter, Steinbutt mit Trüffelmus oder bestellten wie schon seit sechs Jahren „Rohe Lachsröllchen, gefüllt mit Imperialaustern an Sojasauce mit grünem Meerrettich.“ Gleichzeitig empfahl das „Szene-Buch zur Stadt“ in seiner 9. Auflage: „Unschlagbar ist die große, kalte Fischereihafenplatte oder das Hamburger Menü.“
Dem „Gault Millau“ war diese kulinarische Bandbreite anno 1996 gleich 15 Kochmützen wert, 18 bekamen in Hamburg nur „Le Canard“ und das „Landhaus Scherrer“. Weil Chef Klunker mit überzeugenden Argumenten bislang die abendländische Zunge lieber bedient und die fernöstlichen Novitäten zunächst skeptisch betrachtet hatte, kam ein ausgezeichneter Kompromiß heraus: Japanische Gäste schickten Komplimente in die Küche. Sushi und Tapas sind seitdem beliebte Auftakte als Fingerfood oder plattenweise Versuchungen bei Empfängen oder geschlossenen Gesellschaften. „Alle euroasiatischen Kreationen sind sehr beliebt geworden“, resümierte Rüdiger Kowalke schon nach kurzer Zeit. Die Legenden wollen, daß „Japan-Feinschmecker“ Franz Beckenbauer Rüdiger Kowalke in den Ohren gelegen habe, endlich auch Sushi anzubieten.

Günther Jauch (l.) und Rudi Carrell

Durch Wandel immer wieder neu

Trotz so viel Aufbruchstimmung und neuer Stand- und Spielbeine investierte der rastlose Hausherr 1996 in den Klassiker, in sein angestammtes Fischereihafen Restaurant, aus dem er seine Kernkompetenz bezog. Auch die an das Fischereihafen Restaurant anschließende Lagerhalle bekam bis 1998 ein völlig neues postmodernes Gesicht. Nun wurde der Backsteinbau des Restaurants um so mehr zum nostalgischen Backsteinklassiker, je mehr den Architekten für das neue Elbufer einfiel.

In nur 14 Nächten entstand 1996 der gediegene Luxus völlig neu – in Apricot, mit eigens gewebtem Teppichboden, viel Sonnengelb, etwas Lachsfarben und wenig Weiß. Unhörbar und unsichtbar funktionierte eine perfekte Klimaanlage. Auch die Räume zum Nasepudern oder Händewaschen waren jetzt so luxuriös und „wertig" wie das Restaurant. Nun leistete sich das Haus auch ein eigenes Geschirr nach Kowalke-Design, auf dem im Dekor ein Hummer den Fisch verfolgt und in den Schwanz kneift.

Europaweit bekannt

Seit zwei Jahren war damals, wie Bocuse gesagt haben soll, „der Mann, der den Fisch adelt" allen Business-Lunchern und Abend-Dinierern ohnehin ein Begriff als „Mr. Amex". Im Oktober 1993 waren, was in der langen Geschichte des Restaurants selten vorkam, drei Tage und eine Nacht die Gäste ausgesperrt. Auch die Große Elbstraße war abgesperrt. Für malerische Straßeneffekte war das Kopfsteinpflaster naßgespritzt worden – und immer wieder rauschte ein flottes Model im knallroten Fiat heran, das bei Kowalke speisen wollte. American Express drehte damals mit viel Aufwand Werbespots, in denen Rüdiger Kowalke als Patron zur Hauptfigur wurde – für das Lifestyle-Magazin „Top" war er ohnehin „einer der wenigen Gentlemen unter den Hamburger Gastronomen". Der Komponist der großen Fischkarte akzeptierte in den 30- bzw. 60-Sekunden-Spots die kleine Karte. Fortan hieß er bei Presseleuten und Freunden „Mr. Amex", der so geschickt für das Fischereihafen Restaurant und nebenbei auch für das Hamburger Ambiente samt weltbekanntem Straßenmilieu geworben hatte. Von 1994 an liefen die Spots weltweit. Wer immer Telefondienst für die Tischreservierungen hatte, bekam es zu spüren, die Wünsche kamen nun direkt aus ganz Europa und wurden nicht mehr erst nach Ankunft in Hamburg durch Portiers erbeten.
Zum Ritual vieler Filmgrößen gehört es, während eines Hamburg-Besuchs samt Entourage das Fischereihafen Restaurant zu besuchen. „Trotzdem sind wir", betont der Hausherr immer wieder, „kein reines Prominentenlokal.

Gerhard Schröder (l.), Dr. Ferdinand Piëch und Dr. Heinrich v. Pierer

Vielmehr verkehrt bei uns auch die Hamburger Familie, genauso wie wir viele Geschäftsleute aus dem In- und Ausland zu unseren Gästen zählen."
Stars gelingt es immer wieder, wie Micky Rourke Ende 1993, die Massen von verfolgenden Fans abzuschütteln und „bei Kowalke" unten an der Elbe die rettende Große Elbstraße zu erreichen. Nach Sülze vom Steinbutt, Lachs und gegrilltem Seeteufel in leichter Champagnersauce schrieb Rourke ins Gästebuch: „Der

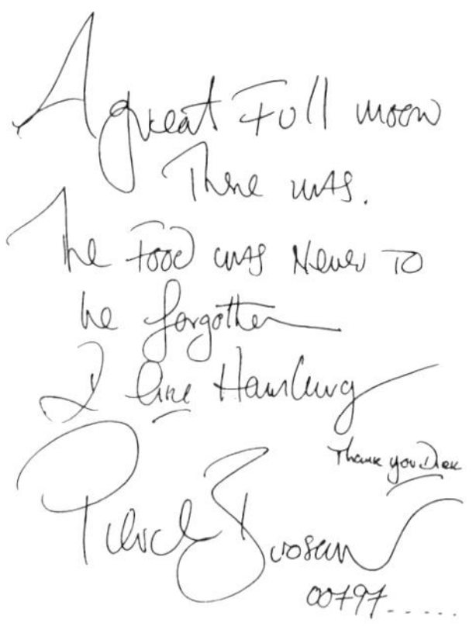

Pierce Brosnan und Begleitung (l.) sowie Sylvester Stallone

beste Fisch meines Lebens." Prominente wußten längst, daß sie auch noch zu später Stunde ihren oft langweiligen oder rummeligen Abend-Events oder Hotel-Belagerungen entgehen konnten, wenn sie ans entlegene nächtliche Elbufer flohen. 1997 gönnte Sylvester Stallone sich die ersehnte Verschnaufpause mit Stärkung (Aalfilet mit Rührei auf gebratenem Schwarzbrot, dann Seezunge in Butter gebraten und ein Blaubeer-Sorbet). Der wirkliche Zufall ließ ihn auf dort schon dinierende Hollywood-Gäste treffen: Produzent Jerry Weintraub und der Boss der deutschen Warner-Brothers, Willi Geike, waren schon da und freuten sich. Auch Pierce Brosnan suchte 1997 noch nachts um 22 Uhr nach einer nicht geschlossenen Küche und war nach einem kurzen Anruf an der Großen Elbstraße willkommen. Der „Herr der Fische" („Hamburger Abendblatt") und sein Küchenchef konnten „Flußkrebse mit Spargelsalat", Fischsuppe und „Seezunge Müllerin Art" bieten. Der Dank dafür steht im Gästebuch: „A great full moon there was. The food was never to be forgotten. I like Hamburg." Kowalke, oft zu seinem Verhältnis zu den überdurchschnittlich vielen VIPs befragt, bleibt immer vollendeter Dienstleister: „Sie werden behandelt wie ganz normale Gäste. Wir gehen nicht vor Ehrfurcht in die Knie, das will auch niemand von denen." Aber es galt auch immer das „Welt"-Wort von 1998: „Rüdiger Kowalke ist darüber fast selbst zum Star geworden."

Solche für alle beruhigende Routine herrschte auch dann etwa, als Malaysias Königin Najihah mit Töchtern Naquiah und Jawahir erschien und der besorgte Staatsschutz wie bei Charles und Diana Sicherheitsstufe eins verhängte. Dirk Kowalke legte dazu 1997 die Küchen- und Restaurantetikette fest: Kein Anbraten mit Speck aus Glaubensrücksichten und kein Alkohol. Die Ansagen beim Servieren konnten sogar in Landessprache gemacht werden, weil ein malaysischer Kellner zur schwarzen Brigade gehörte.

Es war längst international bekannt, daß im Fischereihafen Restaurant immer irgendein Mitternachtsmenü serviert werden konnte, etwa „Herbstlicher Salat mit Büsumer Krabben", „Rotzungenfilet mit frischen Kräutern in Limonen-Buttersauce" und „Rote Grütze mit Himbeergeist-Vanille". Golf- und Duzfreund James „Hansi" Last genoß dies mit großem Anhang. Nach dem Hamburger „Domtreff", einem Zeltrummel mit viel Prominenz, gab es öfter eine „After-Show-Party" an der Elbe. PR-wirksam war stets die bei

Kowalke verkehrende Fußballprominenz, immerhin wurde er Doppelmitglied im HSV (wegen des Versprechens: „Wenn Uwe Seeler Präsident wird, werde ich HSV-Mitglied!“) und beim FC Bayern München (Kaiser Franz hatte gleich ein Formular mitgebracht).
Kowalke war es auch, der seit 1993 und dann im Verein mit anderen namhaften Gastronomen der Stadt PR-geschickt alljährlich die Matjessaison eröffnet. Dafür gewann er Prominente, die für die Kameras ein zartes Matjesfilet über ihrem erwartungsvollen Mund baumeln ließen. Traditionell gehörte der Hamburger Fischereihafen zu den ersten Empfängern der in Fässern gereiften Frühjahrsfänge – das allererste holländische Faß gebührt Ihrer Majestät, der Königin der Niederlande. Vom prominenten Erstbiß schrieb dann die Presse alle Jahre wieder: „Nach Verkostung zum Verkauf freigegeben.“
Der „Rummel“ des ersten Anbeißens findet außerhalb des Restaurants statt. Im Fischereihafen Restaurant gab es dann „Matjes-Potpourri mit 4 Saucen“, bei dem Currycreme, Apfel-Zwiebel-Sauce, Rote-Bete-Sahne und Mangoschaum konkurrierten.

Wie der Vater so der Sohn

Im Jahr 1997 endlich hob das Fischereihafen Restaurant in mehrfacher Hinsicht deutlich ab. Rüdiger Kowalke imponierte der Presse erneut, diesmal als „rasender Gastronom“ und „schnellster Koch der Welt“. Eine exklusive Gesellschaft von 70 Golffanatikern wollte sich in 21 Tagen einmal um die Welt spielen (Paris–Dubai–Singapur–Sydney–Hawaii–Acapulco–Bermuda–Paris), ein Hamburger Spezialveranstalter hatte geplant, sogar Donald Trump und immerhin 18 Hamburger für den Luxustrip zu 47.660 Mark gewonnen – in einer Concorde. Kowalke sollte für die kulinarische Logistik an Bord wie in den Hotels sorgen. Alles klappte vorzüglich, der Improvisationskünstler konnte sich sogar mit seinem damaligen Handicap 26 an zwei Golfrunden beteiligen, nur nach der Reise (Kowalke: „Das war beinharte Arbeit“) war der Mitreisende urlaubsreif. Entlastung wäre manchmal schön gewesen.
Am alten Stammsitz gab es deshalb seit 1997 Veränderungen. Vater Rüdiger hatte Sohn Dirk als Doppel- und Dreifachbegabung in das Unternehmen Fischereihafen Restaurant als Mitinhaber aufgenommen. Der Sohn war gelernter Bankkaufmann, ausgebildeter Koch und sogar Barkeeper. Von ihm kam der Vorschlag, den Eingangsbereich mit Tresen, 19 Quadratmeter Garderobe und Telefonzelle zu sanieren. Argument des

David Hasselhoff

Juniors: „Wir müssen die Gäste, die auf einen freien Tisch warten, anders empfangen.“ Seit September 1997 hat das Fischereihafen Restaurant eine verblüffend klassisch wirkende Bar mit zwei kleinen Hochtischen links und rechts und vielen Prominentenfotos an der Wand. Dieser Typus der intimen American Bar konnte als Restaurant-Treffpunkt nur einen Namen tragen: „Oyster Bar“. Daß es schon mehrere Restaurant-Bars gleichen Namens gab, störte niemanden, weil es der Gattungsname des Ortes für Drinks und Cocktails im maritimen Ambiente ist. „Die Maßnahme hat sich gelohnt“, stellte Kowalke Senior zufrieden fest: „Das Lokal ist sehr viel offener geworden.“ Die „Welt“ versicherte sogar den Hamburgern: „Nicht nur offener, auch lebendiger. Inzwischen hat sich, nach einem Jahr, ein eigenes Bar-Publikum gebildet, dessen gute Laune in die angrenzenden Räume strömt.“ Die gute Laune verbreitet auch der Barkeeper seit der ersten Stunde, Richard Chaniewski, zuvor acht Jahre Barchef in der „Insel“ und sieben Jahre im „Atlantic“, von Gästen sehr schnell und heute nur noch „Richy“ genannt.

Wieder war die Kunst gelungen, dem vertrauten Ambiente etwas Neues und Verjüngendes hinzuzufügen, ohne die Harmonie zu stören. Selbst das eher junge Stadtmagazin „Szene“ konstatierte anerkennend: „Rüdiger Kowalke freut sich, daß ihm das gediegene Publikum so dankbar die Treue hält. Das Restaurant ist nach wie vor einer der wenigen Plätze, wo frischer Fisch gut genießbar ist.“ Kowalke hält diese Kontinuität für den Erfolg harter Arbeit am Gesamtkonzept: „Ein Klassiker muß auch die Kraft haben, sich immer wieder zu erneuern, der darf keine Patina ansetzen“.

Gestärkt durch den Juniorpartner Dirk beschloß der Unternehmer-Senior 1998, daß das „Fischereihafen Restaurant“ und „Kowalke“ eine Marke werden sollten. Vater und Sohn entwickelten ein Konzept für den Vertrieb von ausgesuchten Weinen zu Fisch, eine Kristallglas-Serie „Fish“ mit einem Stiel in Fischform (von Schott-Zwiesel) und eine Reihe von Fischgewürzen, Suppen, Saucen und Heringsmarinaden. Sogar einen Kowalke-Wodka gibt es inzwischen sowie Kowalke-Grappa. Beide Kowalkes spürten eine entscheidende Marktlücke auf und schlossen sie nach zweijähriger Entwicklungszeit Ende 2000 zielstrebig mit einer Reihe von exzellenten fertigen Fischsaucen.

Dariusz Michalczewski

Kontinuität im Wandel

Den tatendurstigen Unternehmergeist beflügelte die Entwicklung in allernächster Umgebung. Seit Ende der 1990er Jahre wurden Hafenrand und die Altonaer Fischmeile immer attraktiver. Trend-Makler planten gläserne „Docklands“ mit Büros und Galerien. Bis 2005 sollen allein fünf Gebäude zwischen Augustinum (dem zu erweiternden Seniorenwohnsitz im 1993 attraktiv neugebauten Kühl-Union-Haus) und Großer Elbstraße entstehen. Landseitig schräg gegenüber dem Fischereihafen Restaurant lag schon seit 1997 das preisgekrönte schräggestützte gläserne „Bauwerk des Jahres“ am Elbberg.
Eine Korrektur der Zukunftspläne zur gastronomischen Expansion ergab sich im September 1999 durch den Tod des Freundes und Partners Andreas Kroepels.
Noch im alten Jahrhundert verkaufte Rüdiger Kowalke die zweifache „Fischküche“ und den „Fischmarkt“.
Dafür machte am 1. Februar 2000 erstmals der neue „Catering-Service“ von sich reden, als er in einem prominenten Haushalt an der Elbchaussee einen Event zum kulinarischen Ereignis machte. Seitdem kommt eine Fischereihafen Restaurant-Equipe auf Wunsch ins Haus und verwöhnt Gäste oder Vorstände.
Mit dem neuen Jahrtausend rückte für das Fischereihafen Restaurant unter Kowalke-Regie ein entscheidendes Datum nahe: das 20. Jubiläum anno 2001, zugleich das 50. für die Institution. Mit Energie wurde die lange geplante Erweiterung um 50 Plätze in einer vor dem großen Restaurantteil zu schaffenden Terrasse zur Wasserseite hin geschaffen. Ein Elbbalkon entstand Anfang 2001, der bei gutem und windstillen Wetter

Blick in das Fischereihafen Restaurant,
Wolf-Dieter Klunker (l.) und Rüdiger Kowalke

durch große Schiebetüren bei schönstem Elbekontakt im Freien tafeln läßt.
Auch außerhalb der Küche des Fischereihafen Restaurants gilt Rüdiger Kowalkes Leitsatz, mit dem er 1998 viel zitiert wurde: „Qualität, Preis-Leistungs-Verhältnis und liebenswerter Service. Dieser Dreiklang muß stimmen."
Er stimmt seit 2001 auf ganz besondere Weise, weil dem Väterteam Kowalke-Klunker nun ein namensgleiches mit den Söhnen Dirk und Jens gleichberechtigt zur Seite steht. Die Rollenverteilung der Väter gilt fort für die Söhne und kann Kontinuität garantieren.
Die zweimal zwei Kowalkes und Klunkers kochen und blicken zuversichtlich in die Zukunft.
Rüdiger Kowalke formulierte es in Selbstverpflichtung für das Fischereihafen Restaurant:
„Das hier ist eine Bühne, und wir sind die Darsteller. Unsere Gäste sind unser Publikum. Um es zu begeistern, müssen wir gut sein. Jeden Tag wieder. Wir müssen die Fähigkeit entwickeln, die Stimmung unserer Gäste richtig einzuschätzen. Daran muß man arbeiten, das erfordert Disziplin, Menschenkenntnis und viel Liebe zum Beruf."

Anhang

Rezeptregister

Fische und Meeresfrüchte, alphabetisch aufgeführt

Impressum

Die Deutsche Bibliothek – CIP
Einheitsaufnahme
Fish & VIPs : die besten Rezepte des Hamburger Fischereihafen Restaurants / Wolf-Dieter Klunker ; Urs Kluyver ; Udo Pini. Hrsg.: Dirk Kowalke ; Rüdiger Kowalke. – 1. Auflage. – Hamburg : Ellert und Richter, 2001
ISBN 3-89234-953-3

Foodstyling:
Roland Geiselmann, Hamburg
Gestaltung:
Büro Brückner + Partner, Bremen
Lithographie:
Offset Repro im Centrum, Hamburg
Satz:
KCS GmbH, Buchholz/Hamburg
Druck:
Girzig + Gottschalk, Bremen
Bindung:
S. R. Büge, Celle

Bildnachweis:

Die Foodfotos auf den Seiten 19 bis 87, 90, 111, 112, 113 sowie die Reportagefotos auf dem Titel (Mitte) und den Seiten 7 bis 12, 48, 104, 135, 145 wurden exklusiv von Urs Kluyver, Hamburg, erstellt. Darüber hinaus haben wir in diesen Band Abbildungen folgender Archive aufgenommen:

Landesmedienzentrum Hamburg: S. 116, 117 l., 117 r., 118 l., 118 r.
Presse- und Informationsamt der Bundesregierung / Bundesbildstelle (Fotografin: Faßbender), Berlin: S. 141

Alle anderen Fotos stellte uns freundlicherweise das Fischereihafen Restaurant Hamburg zur Verfügung.

Wer Lust hat, das Fischereihafen Restaurant und seine exzellente Küche einmal persönlich kennenzulernen, kann weitere Informationen unter folgender Adresse erhalten bzw. Reservierungen vornehmen:

Fischereihafen Restaurant Hamburg
Große Elbstraße 143
22767 Hamburg

Telefon 040/38 18 16
Fax 040/3 89 30 21
E-Mail info@fischereihafen-restaurant-hamburg.de
www.fischereihafen-restaurant-hamburg.de